KÖNIGS FURT

Über dieses Buch

Voller Poesie und Spiritualität erzählen diese Märchen von starken Frauen, »richtigen« Männern und der Reise in die Anderswelt. Sie lassen die typisch keltische Lebenssicht lebendig werden. Dazu gehört die tiefe Bejahung des Lebens, der selbstironische Humor, aber auch das Gespür für das Geheimnis der Welt, für die Anderswelt, die immer sehr viel näher ist, als wir denken.

Über den Herausgeber

Heinrich Dickerhoff, Jahrgang 1953, ist Präsident der Europäischen Märchengesellschaft und stellvertretender Leiter des Kardinal-von-Galen-Hauses in Stapelfeld. Als Märchenerzähler widmet er sich insbesondere den nordischen und keltischen Märchen. Er lebt mit seiner Familie in Cloppenburg.

... und webte etwas, das niemals stirbt

Keltische Märchen
zum Erzählen und Vorlesen

Herausgegeben von
Heinrich Dickerhoff

KÖNIGSFURT
MÄRCHENSCHÄTZE

Bibliographische Information der Deutschen Bibliothek

Die Deutsche Bibliothek verzeichnet diese Publikation in der Deutschen Nationalbibliographie; detaillierte bibliographische Daten sind im Internet über http://dnb.ddb.de abrufbar.

Originalausgabe
Krummwisch bei Kiel 2004

© 2004 by Königsfurt Verlag
D-24796 Krummwisch
www.koenigsfurt.com

Umschlaggestaltung: Werkstatt München, Zembsch und Weiss
Satz: Satzbüro Noch, Balve
Druck und Bindung: Oldenbourg, Monheim

ISBN 3-89875-085-X

Inhalt

Einführung 7

Voraus-Geschichten

Der Bursche, der keine Geschichte kannte 20
Der seltsame Besucher 25

Starke Frauen

Goldbaum und Silberbaum 30
Tam Lin 36
Etain oder die goldene Fliege 41
Das Glückskind 52

Die Reise in die Anderswelt

Das Messer gegen die Welle 62
Condla Rotschopf und die Frau im gläsernen Schiff .. 66
Wie König Cormac zu den Feen ging 73
Die Reise von Maelduins Boot 81

Männer

Dermot mit dem Liebesfleck 100
Dermot und Grainne 106
Gawain und der Grüne Ritter 119
Gawain und der Wunsch der Frauen 130

Legenden vom Menschenfischer

Der Menschenfischer 140
Das Abendmahl 148

Quellenhinweise 157

Einführung

Der Titel dieser Sammlung von Erzählungen aus der keltischen Tradition stammt aus der schottischen Legende »Das Abendmahl«, mit der dieses Buch endet. Die ausgewählten Geschichten, Märchen, Sagen und Legenden, sind für mich wie Fäden, die sich zusammenfügen zu einem Muster, einer Lebenssicht, die gewiss nicht ausschließlich, aber doch »typisch keltisch« ist. Trockener Humor und augenzwinkernde Selbstironie gehören dazu sowie eine tiefe Lebensbejahung, ergänzt und hinterfragt durch die Sehnsucht nach der Anderswelt, dem anderen Leben. »Richtige« Männer begegnen mir in diesen Geschichten, oft auf der Reise in die Anderswelt, Männer, in denen ich mich wieder erkennen kann, in denen mir meine Wünsche und Sorgen entgegentreten, deren »Männlichkeit« aber – wenn auch mit Sympathie – hinterfragt wird. Und starke Frauen treffe ich, die oft die Anderswelt verkörpern und die fast immer eigene Wege zu gehen wagen. Mit diesen Geschichten ist mir der keltische Anteil meiner Lebenssicht aufgegangen.

Unser keltisches Erbe

Auch wenn ich weder dem Blut noch der Sprache nach ein Kelte bin, so fühle ich mich doch den Kelten seelenverwandt. Ihr Erbe erscheint mir als der oft vergessene »kleine Finger« der europäischen Hand – neben der römischen und der germanischen, der hebräischen und der griechischen Tradition.

Das römische und das germanische Denken haben sich uns schon über die »abendländischen« Sprachen eingeprägt, und das hebräische wie griechische Denken sind uns schriftlich überliefert in den biblischen Schriften und den antiken Klassikern und darum kulturell fest verankert. Dahingegen ist die keltische Tradition weitgehend unbekannt und unverständlich, wer spricht denn schon eine keltische Sprache? Und doch fühle ich – ein bewusster Abendländer – mich in dreifacher Weise als Erbe der Kelten, und das Erbe, das sie uns hinterlassen haben, ist ein politisches, ein poetisches und ein religiöses.

Das politische Erbe

In gewisser Weise waren Kelten »die ersten Europäer«. Als unseres Wissens Erste haben sie einen europäischen Binnenraum geschaffen, der nicht durch militärischen Druck zusammengehalten wurde, sondern durch eine gemeinsame Kultur. Denn die Kelten kamen nicht als Eroberer nach Mitteleuropa, sie waren kein einwanderndes Volk, keine Rasse; vielmehr mischten sich die Vorstellungen vorgeschichtlich-alteuropäischer Kulturen mit der Technik und dem Lebensgefühl osteuropäisch-skythischer Reitervölker. Dazu kamen gesellschaftliche Veränderungen: Die Bevölkerung wuchs, der Ackerbau nahm zu, Land wurde knapp, Eisen konnte in großem Stil gewonnen und verarbeitet werden, eiserne Schwerter und Pflugscharen erweiterten nun die menschlichen Möglichkeiten. Aus diesem kulturellen und sozialen Gemenge erwuchs um das Jahr 500 v. Chr. eine mitteleuropäische Kultur, deren Träger von den Griechen »Keltoi«, genannt wurden, die »Hohen«. Die Keimzelle dieses keltischen Europas lag in Süddeutschland und Ostfrankreich, um 400 v. Chr. reichte der keltische Bereich – ohne Eroberungszüge und größere Auswanderungen – von Ungarn im Osten bis nach Spanien und Irland im Westen. Später siedelten dann Kelten in der Poebene und zogen bis nach Kleinasien, so dass um 200 v. Chr. der keltische Bereich vom spanischen Galicien bis zum anatolischen Galatien reichte.

Eine europäische Kultur, die nationale und regionale Unterschiede nicht aufhob, sondern integrierte, gelang dann wieder im hohen Mittelalter. Gewiss darf man weder das keltische noch das mittelalterliche Modell idealisieren, Gewalt und Unrecht gab es dort wie überall. Und doch scheint mir dieses »kulturelle Modell« für uns Europäer zukunftsweisender als die Zwangsvereinigung zu »napoleonischen« Imperien oder staatsübergreifenden Wirtschaftskomplexen.

Das poetische Erbe

Es gibt bis heute einen »abendländischen Raum«, der sich nicht nur durch gemeinsame politische Grenzen oder eine gemeinsame Währung von anderen »Kulturräumen« unterscheidet. Eher gibt es – nicht bei den einzelnen Menschen, sondern innerhalb der Völker und »Subkulturen« – gemeinsame Wertvorstellungen, gemeinsame geschichtliche Erfahrungen und wohl auch so etwas wie eine gemeinsame »Mentalität«. Und diese abendländische Mentalität hat, wie mir scheint, einen »romantischen Zug«, der etwas mit unserem keltischen Erbe zu tun hat.

»Romantisch« meine ich hier nicht im heute üblichen idyllisch-nostalgischen Sinne, sondern in der ursprünglichen Bedeutung: Das Wort ist abgeleitet vom »Roman«, der poetischen Grundform. Denn es ging der Romantik wesentlich darum, das Leben als »Roman«, als »Poesie«, als »Kunstwerk« zu leben – darum gerade nicht »gekünstelt«, sondern »dicht«. Solches Leben begnügt sich nicht mit der Oberfläche, nicht mit dem Begreifbaren und Eindeutigen. Die vorgebliche Realität wird hinterfragt, nicht mit der irrealen Idylle, sondern mit jener surrealen Lebensmöglichkeit, die die keltischen Erzähltraditionen »Anderswelt« nennen. So liegt in jeder »Romantik« auch eine gewisse Melancholie, nicht als Lebensüberdruss, sondern wie ein Schatten, den das Licht einer unendlichen Sehnsucht wirft.

Diese über die begreifbare Welt hinausschauende und sich dem Unbegreiflichen ausliefernde Haltung ist »typisch keltisch«, so wie die »romantische Urgeschichte« des Abendlandes, die Erzählungen um König Artus, im Kern keltisch ist. Doch sind die keltischen

Geschichten, bei aller Wehmut und Tragik, nicht so düster wie die germanischen Heldensagen, denn sie bleiben offen für die »Anderswelt«, für neue, andere Möglichkeiten jenseits unserer Möglichkeiten.

Diese traumhafte »Oberstimme« klingt in der Tiefe immer mit in dem scheinbar so nüchtern-pragmatischen oder auch schwermütigen Denken des Abendlandes. Ohne die Stimme der keltischen Intuition fehlt dem europäischen Akkord aus römischer Rationalität und germanischer Schwermut, griechischer Denkfreude und hebräischem Verantwortungsbewusstsein etwas zum vollen Klang.

Das spirituelle Erbe

Die frühmittelalterliche Christenheit, die das Abendland formte, war geprägt von drei »spirituellen« Konzepten: von der platonisch-griechischen Tradition der Ostkirche, der römisch-benediktinischen und der keltisch-iroschottischen Tradition.

Das platonisch-orthodoxe Konzept ließ uns die Welt wie eine Ikone betrachten: Die Wirklichkeit ist ein Fenster zum Himmel, zu einer Wahrheit, die als geheimnisvoller Goldgrund immer gegenwärtig ist im Hintergrund des Lebens, aber dennoch unbegreiflich bleibt und nur zu betrachten, nie zu fassen ist.

Das römisch-benediktinische Konzept schickte den Menschen in die Wildnis, um sie zu kultivieren und fruchtbar zu machen. Dabei war die äußere Kultivierung der Wüstenei Ausdruck einer angestrebten inneren Entwicklung: Auch die innere Wüste sollte verwandelt werden, bis sie an den Paradiesgarten erinnerte. Die »stabilitas loci«, das Verbleiben an einer Stelle, gehörte dazu. »Dort, wo Gott dich hingestellt hat, erfülle deinen Lebensauftrag und baue mit an Seiner Welt.«

Das keltisch-iroschottische Konzept forderte hingegen den freiwilligen Weg in die Verbannung, in die ständige Heimatlosigkeit und Wanderung, forderte ein »Leben als Prozess«, bei dem auch der Weg ein Ziel ist. »Wir sind nur Gast auf Erden ...« – so sind viele keltische Sagenhelden immer auf der Suche nach der Anderswelt, nach der Feenkönigin, nach der Insel Avalon.

Mir scheint, es wäre gut für die abendländische Christenheit, sich nicht nur um eine Ökumene evangelischer und katholischer Auffassungen zu bemühen, sondern sich auch an den frühmittelalterlichen Dreiklang von griechischem, römischem und keltischem Christentum zu erinnern, einem Glauben, der schaut, einem Glauben, der baut, und einem Glauben, der wandert.

Keltische Märchen, Sagen und Legenden – nacherzähltes Erbe

Die keltische Lebenssicht mit ihrer ganz eigenen Poesie und Spiritualität ist mir das erste Mal bewusst geworden, als ich Märchen und Sagen aus Irland und Schottland gelesen und dann erzählt habe. Die mir liebsten keltischen Geschichten habe ich in diesem Buch zusammengestellt, Geschichten, die mich so angerührt haben, dass ich sie inwendig gelernt habe und weiter erzähle. Sie sind zwar randvoll mit authentisch keltischen Bildern und Überlieferungen, aber in dieser Form, in meiner Bearbeitung, noch nie gedruckt worden. Damit ergibt sich eine Spannung zwischen historischer Exaktheit und künstlerischer Umsetzung.

Diese Spannung ist bei Volkserzählungen nie aufzulösen. Auch die ältesten, noch vorchristlichen Erzählungen sind erst von den christlichen Mönchen aufgezeichnet worden, damit haben sowohl die ursprüngliche Trägergruppe wie auch das Medium gewechselt, denn aus Sprache wurde Schrift. Spätere Sammler haben den Prozess der Verschriftlichung weiter getrieben, Schriftsprache aber unterscheidet sich in Satzbau und Wortwahl sehr von gesprochener Sprache. Und die von mir als Erzählungen rekonstruierten Märchen, Sagen und Legenden dieses Buches sind für das Erzählen und Vorlesen aufgeschrieben und nicht für das stille Lesen gedacht. Darum sollten diese Geschichten am besten laut und sehr viel langsamer als Schrifttexte vorgetragen werden, damit die Bilder Zeit bekommen, sich uns »einzubilden« und in unseren Köpfen zu wirken.

Zudem sind uns keltische Erzählungen meist nur übersetzt zugänglich, oft sogar doppelt übersetzt: erst aus dem Gälischen ins Englische, dann ins Deutsche. Jede wortwörtliche Übersetzung zerstört aber die Seele eines Textes. Die keltischen Geschichten haben oft zugleich den geheimnisvollen Klang der Anderswelt wie auch einen typischen (selbst-) ironischen Unterton. Diese »Seele« des Textes kann nicht in einer wörtlichen Übertragung, sondern nur in einer Nachdichtung bewahrt werden, allerdings darf diese nicht die tragenden Bilder der Geschichte verändern.

Weiterhin sind viele alte Geschichten nur in Bruchstücken oder in vielen verschiedenen Fassungen überliefert; darum muss derjenige, der erzählen will, Fragmente ergänzen und zwischen Varianten auswählen oder sie auch kombinieren. Manchmal habe ich das selbst getan, manchmal aber auch auf zwei große, wenn auch umstrittene Nachdichter keltischer Tradition zurückgegriffen, auf Ella Young (»Etain«; »Das Glückskind«) und Fiona MacLeod/William Sharp (»Der Menschenfischer«; »Das Abendmahl«), deren Rekonstruktionen ich aber als Erzähler wieder reduziert habe auf den Stil von Volkserzählungen.

Sind diese Geschichten aber noch »authentisch«? Als Quellen für Keltologen und Historiker sind die Texte dieses Buches nicht gedacht und kaum geeignet. Und das Buch will und kann kein Ersatz sein für die Feldforschungen und Sammlungen eines Martin Löpelmann oder Frederik Hetmann. Es geht mir um gute Geschichten aus keltischer Tradition und Lebensweisheit für heutige Menschen, nicht um wissenschaftliche Dokumentation geschichtlicher Quellentexte. Dr. Miceal Ross aus Dublin, ein bekannter Kenner und Erzähler irischer Geschichten, hat mir versichert, dass keiner der heutigen irischen Erzähler eine Geschichte zweimal gleich erzählt – trotzdem bleibt es die gleiche Geschichte. So hoffe ich, dass diese Geschichten, wenn sie auch zweifellos meinen Sprachstil und meine Lebenssicht spiegeln, doch durch und durch keltisch sind. Und ich würde mich freuen, wenn das, was ich beim Erzählen dieser Geschichten immer wieder erfahre, auch durch das Buch zu ahnen ist: die keltische Lebensbejahung, der selbstironische Humor, aber auch ein Gespür für das Geheimnis der Welt, für die Anderswelt, die immer sehr viel näher ist, als wir denken.

Die Geschichten dieses Buches

Meine sechzehn keltischen Lieblingsgeschichten aus Irland und Schottland, Zaubermärchen, aber auch Sagen und Legenden, habe ich hier zusammengestellt.

Zunächst zwei Voraus-Geschichten: »Der Bursche, der keine Geschichte kannte«, eine irische Geschichte über das Erzählen, und das schottische Kettenmärchen »Der seltsame Besucher«. Beide Geschichten lassen sich in fröhlicher Runde und zu vorgerückter Stunde erzählen und sind doch nicht ohne Hinter-Sinn.

Das erste Kapitel habe ich »Starke Frauen« genannt: Am Anfang steht »Goldbaum und Silberbaum«, eine schottische Variante von Schneewittchen, einem überall in Europa erzählten Märchenmotiv, und doch auch wieder ganz keltisch.

Dann folgt »Tam Lin«, eine als Ballade erhaltene schottische Volkserzählung, in der der Namensgeber des Märchens zwischen zwei Frauen steht, gefangen und gerettet von der Macht des Weiblichen.

Die nächste Geschichte ist »Etain oder die goldene Fliege«, ein altirisches mythisches Motiv von der Reise der Anderswelt-Frau in die Menschenwelt, hier nacherzählt nach der sicher eigenwilligen Rekonstruktion von Ella Young.

Dann folgt »Das Glückskind«, ebenfalls nach Ella Young, vielleicht so etwas wie eine Fortsetzung und Abrundung der Geschichte von Etain.

Im zweiten Kapitel geht es um die »Reise in die Anderswelt«: »Das Messer gegen die Welle« ist die wohl jüngste Erzählung von einer Reise in die Anderswelt, ein in Irland bis heute weit verbreitetes Motiv von dem Mann, den die Anderswelt-Frau will und doch nicht bekommt.

Das alte Sagenmärchen »Condla Rotschopf und die Frau im gläsernen Schiff« erzählt das gleiche Motiv – und ist doch ganz anders: Condla löst sich aus der Männerwelt und wechselt in die Anderswelt.

Sehr alt ist auch die Erzählung »Wie König Cormac zu den Feen ging«, doch findet Cormac MacArt, übrigens Condlas Neffe, zurück in die Alltagswelt und hat auf seiner Reise die Weisheit gewonnen, die ein guter König braucht.

Die längste Geschichte des Buches ist die alte irische Odyssee »Die Reise von Maelduins Boot«, in der ein Mann auf einer langen Fahrt durch die Anderswelt zu sich selbst und zum Frieden findet.

Bei »Maelduin« klingt bereits das Thema des dritten Kapitels an: »Männer«. Hier habe ich zweimal zwei Geschichten einander gegenübergestellt:

Zunächst erzähle ich zwei Sagen aus den irischen Fianna-Tales über die Männer des großen Finn MacCumhaill, nämlich »Dermot mit dem Liebesfleck« und »Dermot und Grainne«.

Dann folgen zwei mittelalterliche Volkserzählungen aus dem damals beliebtesten Erzählstoff des Abendlandes, den Abenteuern von König Artus und den Rittern seiner Tafelrunde: Beide Geschichten stammen aus England, beruhen aber auf keltischen Motiven, die in origineller Weise weiterentwickelt wurden: Es sind »Gawain und der Grüne Ritter« und »Gawain und der Wunsch der Frauen« (so nenne ich die Geschichte, die ursprünglich »Die Hochzeit von Sir Gawain« hieß). In beiden Doppelerzählungen geht es um das typische Männerproblem, wie wir Männer mit der eigenen Schwäche und den Frauen klarkommen.

»Legenden vom Menschenfischer« nenne ich die beiden abschließenden Volkserzählungen aus Schottland nach Fiona MacLeod, nämlich »Der Menschenfischer« und »Das Abendmahl«. Obwohl sie erst aus dem 19. Jahrhundert stammen dürften, finde ich in ihnen die typisch keltische Spiritualität wieder, verbunden mit einer Auffassung des Christentums, die mir sehr nahe ist. Hier geht es nicht mehr um Lebensweisheit, sondern um das Geheimnis des Lebens, das wir nie begreifen, nur ahnen und glauben können.

Hinweise zum Vortragen und zur Aussprache

Keltische Geschichten sind oft sehr lang. Bei manchen dieser Geschichten ist es darum sinnvoll und möglich, sie in verschiedene »Akte« unterteilt zu erzählen und zwischendurch mit den Zuhörern über das Gehörte zu sprechen; und über das, was noch folgen mag – ich frage oft: Wie könnte es weitergehen? Wenn ich Geschichten in Abschnitten erzähle, so habe ich im Text mögliche Pausen durch ein * gekennzeichnet.

Alle Geschichten dieses Buches sind weniger Lese- als Hörgeschichten, es sind Erzählfassungen, die sich gut vorlesen lassen, die aber laut werden wollen, also auch laut vorgelesen werden sollten. Dazu möchte ich zwei kleine Hinweise geben, die helfen können, den geschriebenen Text zum Klingen zu bringen:

1. Stellen Sie sich den Text als Gedicht vor, unterteilt in Verse, in Sprechgruppen. Diese Verse sollten nicht lang sein, sondern jeweils nur ein neues »Bild-Wort«, einen neuen Fortschritt der Geschichte enthalten.

2. Betonen Sie in jedem gedachten Vers nur ein Wort, in aller Regel das entscheidende Bild-Wort, das auf keinen Fall fehlen darf, oder das Wort, das für den Fortgang entscheidend ist.

Als Beispiel für die so gedachte Textordnung füge ich einen kleinen Ausschnitt aus dem Sagenmärchen »Dermot mit dem Liebesfleck« an (die betonten Worte sind unterstrichen):

Einmal waren die vier auf der <u>Jagd</u>.
Sie jagten, bis es <u>dunkel</u> wurde,
dann fing es auch noch zu <u>regnen</u> an.
Nun mochten sie nicht die ganze <u>Nacht</u>

> *trübsinnig unter <u>triefenden</u> Bäumen hocken,*
> *also sahen sie sich <u>um</u>,*
> *ob nicht in der Nähe ein <u>Strohdach</u> auf sie wartete.*
> *So kamen sie in ein schmales <u>Tal</u>,*
> *das keiner von ihnen je <u>betreten</u> hatte,*
> *dort sahen sie <u>Rauch</u> aufsteigen*
> *aus dem Schornstein einer einsamen <u>Hütte</u>.*
> *Dermot stieß den <u>Ruf der Freundschaft</u> aus,*
> *um den <u>Bewohnern</u> der Hütte zu zeigen,*
> *dass sie <u>nicht in böser</u> Absicht kämen.*
> *Da trat ein <u>alter</u> Mann aus der Hütte,*
> *er <u>begrüßte</u> die Männer freundlich*
> *und hieß sie <u>willkommen</u> für die Nacht.*
> *So traten sie über die <u>Schwelle</u>*
> *ans hell lodernde <u>Feuer</u>.*
> *Der Alte wohnte <u>nicht allein</u> in der Hütte.*
> *Bei ihm war ein junges <u>Mädchen</u>,*
> *<u>kupferrot</u> war ihr Haar,*
> *rund und schön waren ihre <u>Brüste</u>,*
> *und auf ihren Lippen lag ein <u>Lächeln</u>,*
> *<u>zärtlich</u> und lockend,*
> *das ließ die Männer die <u>Augenbrauen</u> heben.*

Noch ein Hinweis für schon geübte Vortragende: Tauchen – in keltischen Märchen ja nicht selten – Gestalten aus der Anderswelt auf, so wirkt ihr Erscheinen »schwebend«, geheimnisvoll und surreal, wenn ihre Worte, aber auch ihr Handeln ohne Betonung erzählt werden, so dass die Stimme auf einer Ebene bleibt.

Eine letzte Vorbemerkung zur Aussprache der keltischen Namen: Die ist überaus schwierig und steht oft nicht mit Sicherheit fest. Einige Namen (wie Dermot, eigentlich Diarmaid) habe ich in der englischen Aussprache übernommen, andere sind so geschrieben, wie ich sie in den irischen Texten vorgefunden habe. In zweifelhaften Fällen habe ich die Aussprache von Dr. Miceal Ross, Dublin, erfragt, dem ich herzlich für seine Hilfe danke. Vor jeder Geschichte liste ich, wo nötig, die wahrscheinliche Klangform der keltischen Namen auf. Ansonsten werden die Namen wie englische Namen ausgesprochen (z. B. Josa MacDhee = <u>Dj</u>osah Mäck<u>die</u>).

Und nun genug der Vorworte, ich wünsche Ihnen viel Freude, viel Spannung und traumhafte Anregungen bei den keltischen Geschichten.

Voraus-Geschichten

Der Bursche,
der keine Geschichte kannte

*Die erste Geschichte handelt vom Geschichtenerzählen.
Genauer von einem, der keine Geschichte zu erzählen hat.
Das ist in Irland ein geradezu klassisches Motiv. Schon ein
ins Mittelalter zurückreichendes Märchen erzählt vom
Geschichtenerzähler, der keine Geschichte mehr wusste
(bei Frederik Hetmann, Der Dornbusch in Donegal, Königsfurt 2002), dem nichts mehr einfiel, bis er in verrückte Abenteuer geriet und so wieder etwas zu erzählen hatte. Die
Geschichte von Paddy ist viel knapper, aber vielleicht auch
dichter. Und sie ist schaurig schön – bestens geeignet fürs
Erzählen am Lagerfeuer oder auch im Pub!*

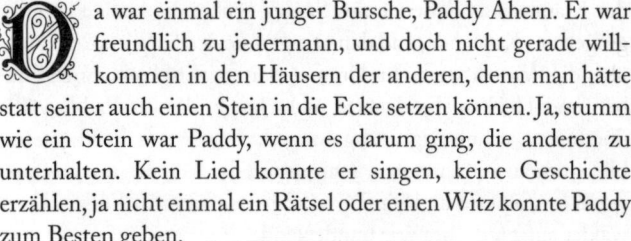

a war einmal ein junger Bursche, Paddy Ahern. Er war freundlich zu jedermann, und doch nicht gerade willkommen in den Häusern der anderen, denn man hätte statt seiner auch einen Stein in die Ecke setzen können. Ja, stumm wie ein Stein war Paddy, wenn es darum ging, die anderen zu unterhalten. Kein Lied konnte er singen, keine Geschichte erzählen, ja nicht einmal ein Rätsel oder einen Witz konnte Paddy zum Besten geben.

Einmal arbeitete Paddy für Bauern in der Gegend von Limerick, mal für diesen, mal für jenen, und er übernachtete dort, wo es sich gerade anbot. Aber bald merkte er, dass er auch hier nicht willkommen war in den Häusern, in denen er über Nacht blieb. Denn die Leute waren zwar gastfreundlich, aber sie erwarteten doch, dass er als Fremder Neuigkeiten zu erzählen hätte oder den Abend durch Lieder und Geschichten verkürzen könnte. Der arme Paddy war betrübt, aber was sollte er tun?

So ging er eines Abends einen einsamen Weg entlang, denn er hatte noch keine Unterkunft für die Nacht gefunden. Da sah er auf einmal Licht in einem Haus etwas abseits mitten im Feld. Paddy sprang über den Straßengraben, ging auf das Haus zu und klopfte an die Tür. Es war ein seltsames Haus, groß und dunkel, und die Tür öffnete ein seltsamer großer und dunkler Mann. »Willkommen, Paddy Ahern!«, sagte der Mann. »Komm herein und setz dich ans Feuer.« Paddy wunderte sich, dass der Mann seinen Namen wusste, aber er traute sich nicht zu fragen, denn es war wirklich ein seltsamer Ort. Sie aßen zusammen, und dann zeigte der Mann Paddy, wo er schlafen konnte. Paddy zog seine Kleider aus und legte sich hin, müde wie er war.

Aber viel Schlaf bekam er nicht in dieser Nacht. Denn kaum hatte er die Augen zugemacht, da schlug krachend die Tür auf, und drei Männer kamen herein, sie trugen einen Sarg – er schien sehr schwer zu sein. Vom Hausherrn war nichts zu sehen. »Wer hilft uns nun, den Sarg zu tragen?«, fragte einer der Männer die beiden anderen. »Paddy Ahern, wer sonst?!«, sagten sie.

Nun musste der Paddy aufstehen, sich anziehen und mit einem der Männer ans Fußende des Sarges gehen, die beiden anderen gingen ans Kopfende, und dann trugen sie den Sarg aus dem Haus über die Wiesen, weiter und immer weiter querfeldein durch Gräben und Hecken. Es dauerte nicht lange, da war Paddy völlig durchnässt, schmutzig und ganz zerkratzt. Wenn Paddy stehen blieb, um zu verschnaufen, schimpften die Männer ihn aus, und wenn er stolperte und hinfiel, so traten sie ihn mit Füßen, bis er wieder aufstand. Ihm war hundeelend.

Schließlich kamen sie an eine mannshohe Mauer – schrecklich einsam war es dort. »Wer hebt nun den Sarg über die Mauer?«, fragte einer der Männer. »Paddy Ahern, wer sonst?!«, sagten die beiden anderen. Und nun musste Paddy ganz allein den schweren Sarg über die Mauer wuchten, das war kaum zu schaffen. Als er endlich den Sarg über die Mauer gebracht hatte, sah er, dass sie auf einem Friedhof standen. Paddy konnte sich kaum noch auf den Beinen halten. Aber die Männer ließen ihm keine Ruhe.

»Wer gräbt nun das Grab?«, fragte einer. »Paddy Ahern, wer sonst?!« Sie gaben ihm einen Spaten, und Paddy schaufelte ein

Grab. Als die Grube endlich ausgehoben war, sagte einer der Männer: »Wer öffnet nun den Sarg?« – »Paddy Ahern, wer sonst?!« Paddy wäre fast gestorben vor Angst, aber was blieb ihm übrig? Er kniete nieder, öffnete mit zitternden Fingern den Sarg und nahm den Deckel ab. Und stellt euch vor: Der Sarg – so schwer er war – war leer.

»Wer legt sich nun in den Sarg?« – »Paddy Ahern, wer sonst?!« Die drei Männer wollten Paddy packen, aber der wartete nicht länger, er sprang auf, sprang über die Mauer und lief davon über die Felder, so schnell er konnte. Und die drei Männer hinter ihm her, sie schrien und johlten, eine schöne Hetzjagd war das! Paddy rannte und rannte wie nie zuvor in seinem Leben, und doch hätten die drei Männer ihn mehr als einmal fast gepackt, aber irgendwie konnte Paddy ihnen immer wieder im letzten Augenblick entwischen.

Da sah er in der Ferne Licht in einem Fenster, und er rannte darauf zu. »Macht auf«, schrie er schon von weitem, »macht auf, um Himmels willen, und rettet mich!«

Die Tür ging auf, und Paddy stürzte hinein in die Küche. Und wer hatte die Tür geöffnet? Ein seltsamer, großer, dunkler Mann. Das war zuviel für Paddy, ohnmächtig brach er zusammen.

Als Paddy wieder zu sich kam, war es heller Tag, und er lag in dem Bett, in dem er am Vorabend eingeschlafen war. Der Hausherr kochte in der Küche Tee. Sonst war niemand zu sehen. »Ah, bist du endlich wach, Paddy?«, fragte er. »Ich hoffe, du hast gut geschlafen?«

»Ganz und gar nicht«, sagte Paddy. »Völlig zerschlagen bin ich von dem, was ich heut Nacht erlebt habe. Und ich bleibe nicht eine Minute länger in diesem Haus. Ich gehe!« Er stand auf und schlüpfte in seine Kleider, die vor dem Bett lagen. Ja, aber die waren sauber und trocken, ohne Risse, ohne Flecken, ohne irgendeine Spur von den Erlebnissen der vergangenen Nacht. Paddy wusste nicht, was er davon halten sollte, er nahm sein Bündel und ging rasch zur Tür.

»Hör mal, Paddy,« sagte da der Hausherr, »du hast mir Leid getan, wie du so umhergezogen bist ohne Lied, ohne Geschichte.

Aber sag doch selbst, bevor du gehst: Hast du nun nicht eine schöne Geschichte zu erzählen?«

Paddy gab keine Antwort, sondern machte, dass er hinauskam, und erst als er über den Straßengraben gesprungen war, schaute er noch einmal zurück – aber da war nichts, keine Spur von einem Haus, nur blanke Felder, auf denen Schafe weideten.

Nach-gedacht

Die Geschichte von Paddy Ahern wirkt vielleicht zunächst wie ein etwas makaberer Schwank, unterhaltsam-gruselig, aber doch ohne irgendeinen Hinter-Sinn, ohne tiefere Bedeutung. Aber mir scheint, die Geschichte bewahrt, wenn auch in höchst unterhaltsamer Form, durchaus ihre Lebensweisheit. Warum hat ein Mensch nichts zu erzählen? Weil er keine Geschichte hat? Im Englischen drängt sich das Wortspiel geradezu auf: »A man without his story is a man without history!« Erst nach dieser Schreckensnacht hat Paddy seine Lebens-Geschichte gefunden.

Mir fallen zwei gute Gründe ein, warum Paddy diese Nacht zugemutet wird – zu seinem Besten, wie der große dunkle Fremde meint. War Paddy doch vorher einer, der nichts vom Leben wusste, der immer nur lieb und brav dabeisaß und schwieg, fest überzeugt, er habe nichts zu sagen. Auch in der Nacht im großen dunklen Haus geht er fügsam mit, trägt sich selbst den Sarg, gräbt sich selbst die Grube, erst im letzten Augenblick wird er lebendig, nimmt sein Schicksal und die Beine in die Hand und läuft davon, von seiner ewigen Passivität kuriert.

Aber vielleicht ist der Hinter-Sinn noch grundsätzlicher. Wenn Paddy sein eigenes Begräbnis miterlebt, wenn er seinem Tod begegnet, so ist das vielleicht die Voraussetzung dafür, etwas über das Leben erzählen zu können. Was von der »Großen Kunst« gilt, dass seltener etwas aus Glück erwächst, sondern meist unter Leidensdruck, das gilt wohl auch von jeder Lebensweisheit, die mitzuteilen sich lohnt: Solches Lebenswissen gewinnen wir erst dann, wenn wir – wie Rilke schrieb – die Leier auch unter Schatten gehoben haben, wenn wir Grenzen erfahren haben, Scheitern und Sterben, Abschied und Schmerz. Paddy jedenfalls bringt aus seiner Nacht eine Geschichte mit. Und ich bin mir sicher: Nun hat er, dem Tod entkommen, genug zu erzählen über das kostbare kurze Leben.

Der seltsame Besucher

Kettenmärchen wie dieses variieren ein wiederkehrendes Grundmotiv, das gibt ihnen ihren eigenen Reiz, und sie sind aufgrund der Wiederholungen leicht zu behalten, aus dem gleichen Grund aber auch nicht leicht zu erzählen. Denn wenn die »Story« absehbar ist, muss die Stimme die Spannung halten, ja steigern. Wo es »passt«, kann der Erzähler die Zuhörenden bitten, die kursiv gedruckten Wiederholungen mitzusprechen.

Eine Frau saß an ihrer Haspel bei Nacht,
saß am Feuer und wand und wand das Garn;
und die Zeit war so lang, und sie wünschte sich sehr:
»Ach, käm' mich doch einer besuchen!«
Da kamen zwei Füße zur Tür herein, groß waren die und breit, und sie blieben beim Feuer stehn.
Und die Frau wand das Garn, und die Zeit war so lang:
»Ach, käm' mich doch einer besuchen!«
Da kamen zwei Beine zur Tür herein, klein waren die und mager, und sie stellten sich auf die breiten Füße.
Und die Frau wand das Garn, und die Zeit war so lang:
»Ach, käm' mich doch einer besuchen!«
Da kamen zwei Knie zur Tür herein, groß waren die und breit, und sie sprangen auf die mageren Beine.
Und die Frau wand das Garn, und die Zeit war so lang:
»Ach, käm' mich doch einer besuchen!«
Da kamen zwei Schenkel zur Tür herein, klein waren die und mager, und sie sprangen auf die großen Knie.
Und die Frau wand das Garn, und die Zeit war so lang:
»Ach, käm' mich doch einer besuchen!«
Da kamen zwei Hüften zur Tür herein, groß waren die und breit, und sie sprangen auf die mageren Schenkel.
Und die Frau wand das Garn, und die Zeit war so lang:

»Ach, käm' mich doch einer besuchen!«
Da hüpfte ein Rumpf zur Tür herein, klein war der und mager,
und der sprang auf die großen Hüften hinauf.
Und die Frau wand das Garn, und die Zeit war so lang:
»Ach, käm' mich doch einer besuchen!«
Da kamen zwei Schultern zur Tür herein, groß waren die und
breit, und sie sprangen auf den mageren Rumpf.
Und die Frau wand das Garn, und die Zeit war so lang:
»Ach, käm' mich doch einer besuchen!«
Da kamen zwei Arme zur Tür herein, klein waren die und
mager, und sie hängten sich an die breiten Schultern.
Und die Frau wand das Garn, und die Zeit war so lang:
»Ach, käm' mich doch einer besuchen!«
Da kamen zwei Hände zur Tür herein, groß waren die und breit,
und sie hängten sich an die mageren Arme.
Und die Frau wand das Garn, und die Zeit war so lang:
»Ach, käm' mich doch einer besuchen!«
Da kam ein Hals zur Tür herein, klein war der und mager,
und er sprang auf die breiten Schultern hinauf.
Und die Frau wand das Garn, und die Zeit war so lang:
»Ach, käm' mich doch einer besuchen!«
Da kam ein Kopf zur Tür herein, riesig war der und kahl,
und er sprang auf den mageren Hals hinauf.
Und die Frau wand das Garn, und die Zeit war so lang:
»Ach, käm' mich doch einer besuchen!«
»Was sind deine Füße so groß und breit?«,
fragte die Frau den Besucher.
»Bin zu weit und zu lange gegangen!«
»Was sind deine Beine so mager und klein?«
»Oh weh, hab' so wenig Friedhofserde!«
»Was sind deine Knie so groß und breit?«
»Hab' zu viel und zu lange gebetet!«
»Was sind deine Schenkel so mager und klein?«
»Oh weh, hab' so wenig Friedhofserde!«
»Was sind deine Hüften so groß und breit?«

»Hab' zu viel und zu lange gesessen!«
»Was ist dein Rumpf so mager und klein?«
»Oh weh, hab' so wenig Friedhofserde!«
»Was sind deine Schultern so groß und breit?«
»Hab' zu viel und zu lange getragen!«
»Was sind deine Arme so mager und klein?«
»Oh weh, hab' so wenig Friedhofserde!«
»Was sind deine Hände so groß und breit?«
»Hab' zu viel und zu lange gedroschen!«
»Was ist dein Hals so mager und klein?«
»Oh weh, hab' so wenig Friedhofserde!«
»Was ist dein Kopf so riesig und kahl?«
»Hab' zu viel und zu lange gegrübelt!«
»Und was suchst du hier mitten in der Nacht?«
»Dich! Dich komm ich holen!«

Nach-gedacht

Kettenmärchen gibt es überall auf der Welt, und doch hat dieses eine durchaus typisch keltische Note, hat die typisch surrealen Bilder und den trockenen Humor.

Wer den Bildern viel Hinter-Sinn zutraut, der kann bei der Frau an der Haspel an die vielen Spinnerinnen denken, die wie die Parzen und Moiren den Lebensfaden spinnen. Diese Frau allerdings sitzt nicht am Spinnrad, sondern an der Haspel. Eine Haspel ist ein aufgehängtes Rad mit einer Kurbel, bei dem die meisten Speichen nach außen geklappt sind. Mit diesem Gerät wird der gesponnene Faden von der Spule abgewickelt. Und die Frau in unserer Geschichte spinnt den Faden des Lebens nicht weiter, sie haspelt, sie wickelt ihren Lebensfaden ab. Sie macht sich nicht auf, sie sucht nicht ihren Weg, sie wartet nur noch darauf, dass etwas kommt, dass jemand sie besuchen kommt. Doch von allein kommt nur der Tod.

Obwohl ich dieses Märchen nie am Beginn eines Abends erzähle, habe ich es bewusst als eine Voraus-Geschichte dieses

Buches gewählt; denn es erinnert an die gewiss nicht nur, aber doch auch sehr keltische Lebensweisheit: Steh auf und geh. Warte nicht einfach auf das, was auf dich zukommt. »Stirb nicht im Wartesaal der Zukunft« (Harvey Cox).

Und auf den kommenden Seiten, in den folgenden Märchen, Sagen und Legenden, werden uns viele Menschen, Frauen und Männer, begegnen, die aufbrechen aus der vertrauten Welt, aus alt vertrauten Lebensmustern, die gegen den Strom ihren eigenen Weg suchen, um zu sich zu finden.

Starke Frauen

Um starke Frauen geht es im ersten Kapitel. Und deren Stärke ist weder List, mit der sie die Männer um den Finger wickeln wie in manchen orientalischen Märchen, noch die Stärke männermordender Amazonen. Es ist eine – wie mir als Mann scheint – sehr selbstbewusste Weiblichkeit, in der vielleicht noch etwas von der starken Stellung der Frauen (der Oberschicht) in der alten keltischen Kultur nachklingt. Doch weil die Figuren der Märchen und Sagen nicht einfach Lebensgestalten der Welt »um uns« sind, sondern zugleich auch Lebensmöglichkeiten »in uns«, darum erinnern mich die starken Frauen auch an die intuitiven »weiblichen« Kräfte in jedem Menschen – und beide Betrachtungsweisen schließen einander nicht aus, sondern ergänzen sich.

Goldbaum und Silberbaum

Das folgende Märchen ist die schottische Variante jenes Märchentyps, der vor allem in der Grimm'schen Fassung »Schneewittchen« bekannt ist. Nicht das Märchen an sich ist also typisch keltisch, wohl aber seine Eigenart im Vergleich zu anderen Fassungen. Das Märchen ist eines der wenigen Märchen in diesem Buch, das auch schon kleineren Kindern gefällt, vor allem, wenn sie eingeladen werden, die wiederkehrenden Verse mitzusprechen, mitzusingen. Aber auch für Erwachsene lässt es sich gut erzählen, auch in eher lockerer Atmosphäre.

Da war einmal vor langer Zeit ein König, der hatte eine schöne Frau, Silberbaum war ihr Name, und eine Tochter, die wurde Goldbaum genannt. An einem Tag von all den Tagen gingen Mutter und Tochter, Silberbaum und Goldbaum, hinab ins Tal, da war im tiefsten Grund eine Quelle, und darin schwamm eine Forelle. Sagte Silberbaum:
»Sag mir, liebes gutes Fischlein, Forelle im Quellengrund,
bin ich nicht die schönste Königin auf dem weiten Erdenrund?!«
Da sprang die Forelle aus dem Wasser und sang:
»Ich sag dir's ins Gesicht, die Schönste bist du nicht!«
»Wer ist es denn, Fisch?«, fragte sie.
»Wer sollte denn wohl schöner sein?
Goldbaum ist's, dein Töchterlein!«
Da ging Silberbaum heim, außer sich vor Zorn, sie legte sich ins Bett und sagte, sie sei so krank, dass sie nie, nie wieder aufstehen könnte. Am Abend kam der König heim, und man sagte ihm, die Königin sei sehr, sehr krank. Da eilte er gleich zu ihr: »Liebe Frau, was fehlt dir? Kann ich etwas für dich tun?«
»Ja, wenn du nur willst, so kannst du mich heilen.«
»Dann sag, was es ist. Ich würde alles für dich tun!«

»Nun, ich werde gleich wieder gesund, gibst du mir Goldbaums Herz zu essen und ihre Leber!«

Da schickte der König seine Männer auf die Jagd, die erlegten einen Rehbock, und dessen Herz und Leber gab er seiner Frau zu essen. Und da sprang sie gleich aus dem Bett und war wieder gesund und munter.

Und was geschah mit Goldbaum? Aus der Ferne kam eines mächtigen Fürsten Sohn, der wollte Goldbaum zur Frau. Der König stimmte zu, und noch am gleichen Tag zog das Brautpaar fort.

Ein Jahr verging. Wieder ging Königin Silberbaum hinab ins Tal zur Quelle und rief die Forelle:

»*Sag mir, liebes gutes Fischlein, Forelle im Quellengrund,*
bin ich nicht die schönste Königin auf dem weiten Erdenrund?!«

Und die Forelle sprang aus dem Wasser und sang:

»*Ich sag dir's ins Gesicht, die Schönste bist du nicht!«*

»Wer ist es denn, Fisch?«, fragte die Königin, ihre Stimme war schrill vor Zorn.

»*Wer sollte denn wohl schöner sein?*
Goldbaum ist's, dein Töchterlein!«

Da lachte die Königin: »Du dummer Fisch, da irrst du dich. Goldbaum ist lange tot, vor einem Jahr habe ich ihr Herz gegessen und ihre Leber!«

»Nein, nein, Königin, du bist die, die sich irrt«, sang der Fisch, »sie ist nicht tot, gewiss nicht tot. Sie lebt seit einem Jahr als Frau eines großen Fürsten in einem fernen Reich hinter dem Meer.«

Da ging Silberbaum zum Schloss zurück und verlangte vom König das Langschiff, denn, sagte sie, sie müsse unbedingt ihre liebe Tochter besuchen, es sei schrecklich lange her, dass sie einander gesehen hätten. Dann fuhr sie über das Meer, und die Königin stand selbst am Steuer, und sie steuerte gut, so dass sie schon bald dort ankam in dem fernen Reich.

Der Prinz war noch auf der Jagd, doch Goldbaum erkannte gleich das Langschiff ihres Vaters – und ihre Mutter am Steuer. »Da kommt meine Mutter«, sagte sie zu den Dienern, »und sie kommt gewiss, um mich zu töten.«

»Nein, sie wird dich gewiss nicht töten«, sagten die Diener, »komm, wir schließen dich in dein Zimmer ein, da kann sie dir nicht nahe kommen.« Das machten sie auch.

Doch kaum war Silberbaum an Land, das rief sie: »Goldbaum, mein schönes Kind, komm heraus und begrüße deine liebe Mutter, die dich besuchen will!«

»Ich bin eingeschlossen«, rief Goldbaum zurück, »und kann nicht heraus.«

»Ach, so steck doch wenigstens deinen kleinen Finger durchs Schlüsselloch heraus«, sagte Silberbaum, »dass deine liebe Mutter ihn küssen kann.«

Da steckte Goldbaum den kleinen Finger durchs Schlüsselloch, Silberbaum aber stach eine vergiftete Nadel hinein, und Goldbaum fiel tot zu Boden.

Als der Prinz nach Hause kam, fand er Goldbaum tot am Boden liegend. Groß war da seine Trauer. Und weil sie so schön war, brachte er es nicht übers Herz, sie zu begraben, sondern schloss sie ein in ihrem Zimmer, wo niemand ihr nahe kommen konnte – außer ihm. Doch weil er keinen Erben hatte, nahm der Prinz schon bald eine neue Frau, und der übergab er das ganze Haus und alle Schlüssel – nur den Schlüssel zu Goldbaums Zimmer, den behielt er.

Doch an einem Tag von all den Tagen vergaß er, den Schlüssel mitzunehmen, und die zweite Frau fand ihn und schloss Goldbaums Zimmer auf. Was fand sie da? Die schönste Frau, die sie gesehen hatte. Sie trat näher, drehte sie um, betrachtete sie genau – und entdeckte die vergiftete Nadel in Goldbaums Finger. Sie zog die Nadel heraus, da sprang Goldbaum auf und stand da, lebendig und schön wie eh und je. Am Abend kam der Prinz heim von der Jagd, und wie üblich sah er ganz niedergeschlagen aus. »Was wollen wir wetten«, rief da die zweite Frau, »dass ich dich heute zum Lachen bringen kann!«

»Ach nein«, sagte der Prinz, »wie sollte ich lachen, wo Goldbaum nicht mehr am Leben ist.«

»Aber sie lebt ja! Sie wartet in ihrem Zimmer auf dich!«

Da lief der Prinz zu ihr, er umarmte Goldbaum und küsste sie wieder und wieder, und wollte gar nicht mehr aufhören damit, und war ganz selig.

Sagte die zweite Frau: »Goldbaum ist die Erste, die du hattest. So ist es besser, du hältst an ihr fest, und ich gehe fort.«

»Aber nein«, rief der Prinz, »geh nicht. Ich will euch beide behalten!«

Und, was soll ich euch sagen, damit waren alle beide auch einverstanden.

Wieder war ein Jahr vergangen, wieder ging Silberbaum hinab zu der Quelle und rief die Forelle:

»*Sag mir, liebes gutes Fischlein, Forelle im Quellengrund,*
bin ich nicht die schönste Königin auf dem weiten Erderund?!«

Aber die Forelle sprang und sang erneut:

»*Ich sag dir's ins Gesicht, die Schönste bist du nicht!*«

»Dann sag schon, wer es ist, du hässlicher Fisch!«, stieß die Königin hervor.

»*Wer sollte denn wohl schöner sein?*
Goldbaum ist's, dein Töchterlein!«

»Jaja, ich weiß«, sagte die Königin. »Aber die ist lange tot, vor einem Jahr hab' ich ihr eine vergiftete Nadel in den Finger gestochen!«

»Nein, sie ist nicht tot, gewiss nicht tot«, sang der Fisch und tauchte unter.

Silberbaum ging heim, wieder musste der König ihr das Langschiff lassen, und sie fuhr übers Meer, um ihre liebe Tochter zu besuchen, stand selbst am Steuer und steuerte gut, so dass sie schon bald ankam in dem fernen Reich.

Der Prinz war wieder auf der Jagd. Goldbaum aber erkannte gleich ihres Vaters Schiff – und ihre Mutter am Steuer. »Oh«, sagte sie, »da kommt meine Mutter wieder. Und sie kommt, um mich zu töten!«

»Nicht doch«, sagte die zweite Frau. »Komm, gehen wir zum Strand hinunter, gehen wir ihr entgegen!«

Kaum war Silberbaum an Land, da rief sie: »Goldbaum, mein schönes Kind, komm zu mir. Deine liebe Mutter hat dir einen köstlichen Trank mitgebracht.«

»Nun«, sagte da die zweite Frau, »in diesem Land ist es Sitte, dass, wer immer einen Becher reicht, erst selbst einen Schluck daraus nimmt!«

Silberbaum lächelte den beiden Frauen zu, setzte den Becher an die Lippen und tat so, als wolle sie trinken. Da gab ihr die zweite Frau einen Stoß, Silberbaum verschluckte sich und schluckte dabei etwas von dem giftigen Trank herunter. Und sowie ihr das Gift durch die Kehle lief, fiel sie tot um. Und nun mussten sie sie nur noch wegschaffen und begraben lassen.

Der Prinz aber lebte noch lange mit seinen beiden Frauen in Freude und in Frieden. Und da hab ich ihn auch gelassen – denn er wollte nicht mit mir tauschen.

Nach-gedacht

Wie bei Schneewittchen finden wir den Konflikt zwischen der bösartigen und missgünstigen, aber überaus tüchtigen Mutter und ihrer so schönen wie beschränkten Tochter. Ist das die einzige Alternative für Menschen, zumindest für Frauen? Lebenstüchtig, aber gemein – oder nett, aber dumm. Eine Hexe, die ihr Lebensschiff zu steuern weiß, oder eine gefällige, aber völlig hilflose Puppe? Das schottische Märchen bricht mit dieser falschen Alternative. Eine dritte weibliche Möglichkeit wird vorgestellt, die im Grimm'schen Märchen ganz fehlt. Dort sind es erst die kleinen Männlein, die Schneewittchen schützen, solange sie brav den Haushalt führt und gehorcht, und am Ende rettet sie der Prinz, der ihre schöne tote Form im Glassarg bewahrt, aber dabei glücklicherweise ins Stolpern kommt. In der schottischen Fassung sind die Männer nur Statisten, sie reagieren nur, und meistens sind sie nicht da, wenn sie gebraucht würden.

Die erlösende Möglichkeit verkörpert sich in der dritten Frau! Sie weiß, was sie will, sie öffnet ohne Zögern die ihr verbotene oder zumindest verschlossene Tür, aber sie sieht in Goldbaum keine Rivalin, sondern freut sich mit ihr und mit dem Prinzen, sie ist sogar bereit zu gehen. Aber sie ist auch – zu Goldbaums Glück – bereit zu bleiben. Und sie weiß, wie man der Königin Silberbaum begegnet, sie ist nicht weniger tatkräftig und klug. Ist es überinterpretiert, in dieser namenlosen zweiten Frau die andere Seite von Goldbaum zu sehen? Und ist es dann vielleicht eine vorbildliche Entscheidung des Prinzen, wenn er nicht nur die schöne, sondern auch die tatkräftige und selbstbewusste Frau bejaht und will? Ich hoffe, ich hätte an seiner Stelle auch so gehandelt.

Tam Lin

*Die Geschichte von Tam Lin, dem Feenritter, in Schottland
als Ballade überliefert, ist ein Märchen, das seine Spannung
mit leisen Tönen aufbaut und darum eine ruhige und
konzentrierte Zuhörerschaft verlangt.*

In den Lowlands stand ein graues Schloss inmitten grüner Wiesen. Der Schlossherr, der Laird, hatte eine schöne Tochter. Wenn die Sonne schien, war es dem Mädchen zu langweilig in den kalten grauen Mauern, sie flocht ihr gelbes Haar zu Zöpfen, warf ihren grünen Umhang um und ging hinaus in die Wälder, die Wälder von Carterhaugh.

So kam sie einmal in ein stilles Tal voll grüner Schatten, Glockenblumen blühten da und überall wucherten Heckenrosen, mehr als sie je gesehen hatte. Das Mädchen pflückte eine der blassen Rosen und steckte sie an ihren Gürtel. Da trat aus dem dämmrigen Grün ein junger Mann auf den Pfad. »Was suchst du hier?«, fragte er, »und wie kannst du es wagen, die Rosen von Carterhaugh zu stehlen?«

»Zu stehlen?«, rief das Mädchen, »ich habe mir nichts Böses dabei gedacht. Und außerdem, was gehen dich diese Rosen an?«

»Ich bin der Hüter dieser Wälder«, sagte der junge Mann, »ich wache, dass niemand ihren Frieden stört!« Doch dann lächelte er wie einer, der lange nicht gelächelt hat, blickte sich um, brach die schönste Rose vom Strauch und gab sie dem Mädchen: »Aber du bist so hübsch, dir würde ich mit Freuden alle Rosen von Carterhaugh schenken«, sagte er.

»Wie heißt du?«, fragte die Tochter des Lairds.

»Tam Lin.«

»Tam Lin!« Erschrocken warf sie die Rose ins Gebüsch. »Von dir hab ich schon gehört. Du bist doch der Feenritter!«

»Hab doch keine Angst«, sagte Tam Lin, »wenn man mich auch den Feenritter nennt, so bin ich doch als sterblicher Mensch geboren wie du. Nach dem zu frühen Tod meiner Eltern bin ich bei meinem Großvater aufgewachsen, dem Laird von Roxburgh. Und einmal nahm der mich mit auf die Jagd in diesen Wald. Da blies ein seltsam kalter Wind aus Norden, ich wurde so müde, blieb zurück und verlor meinen Großvater aus den Augen. Schließlich fiel ich schlafend vom Pferd – und erwachte im Feenreich. Die Feenkönigin hatte mich entführt! Seither stehe ich unter dem Bann, den sie auf mich geworfen hat. Am Tag bewache ich diese Wälder, in der Nacht muss ich zurück ins Feenreich. Aber wie wünsche ich mir, erlöst zu werden aus meiner Verzauberung und wieder zu leben wie ein gewöhnlicher Mensch!«

Die Trauer in seiner Stimme rührte das Mädchen. »Ja, wie kann der Zauber denn gebrochen werden?«, fragte sie.

Tam Lin trat auf sie zu, fasste sie bei den Händen und sah ihr in die Augen: »Wenn man's versuchen will, so ist gerade heute die rechte Zeit. Heute Nacht ist Halloween, die Nacht der Nächte, da reitet die Feenkönigin aus, und ich reite mit in ihrem Gefolge.«

»Dann sag, was ich tun soll, um dir zu helfen?«

»Du musst um Mitternacht am Kreuzweg stehen«, sagte Tam Lin, »dort warte, bis der Zug der Feen vorüberreitet. Um die erste Schar kümmere dich nicht, lass auch die zweite vorbei. Ich reite in der dritten Gruppe, mein Pferd ist eine milchweiße Stute, und auf dem Kopf trage ich einen goldenen Reif. Wenn du mich siehst, dann lauf zu mir, reiß mich vom Pferd, nimm mich in die Arme und halte mich so fest, dass du deine Brüste spüre. Und dann lass mich nicht mehr los, was immer auch geschehen mag. Nur so kannst du mich zurückholen in deine Welt.«

Kurz vor Mitternacht wartete die Tochter des Lairds an jenem Kreuzweg. Ein Dornstrauch wuchs dort, sie duckte sich in seinen Schatten. Mondlicht glitzerte auf den Bächen, die Büsche ringsum sahen aus wie dunkle Gestalten, der Wind raschelte im Laub. Eine Eule schrie, Fledermäuse flatterten, und Nachttiere huschten vorüber. Aber dann hörte sie in der Ferne – ganz schwach noch – Hufschlag, nun wusste sie: Die Feenkönigin war nicht mehr weit. Das Mädchen fror, sie zog ihren Umhang enger und starrte auf den dunklen Weg. Da blitzt ein silbernes Zaumzeug auf, dann leuchtet die weiße Blesse auf der Stirn des ersten Pferdes durch die Nacht, bald ist der ganze Feenzug gut zu sehen. Die Reiter haben ihre bleichen Gesichter zum Mond gewandt, und Feenstaub weht hinter ihnen her, als sie vorüberreiten.

Die erste Schar zieht an ihr vorbei, und in der Mitte reitet – bleich und dunkel zugleich – die Königin der Feen auf einer schwarzen Stute, und die Tochter des Lairds duckt sich noch tiefer in den Schatten und hält den Atem an. Auch als die zweite Schar vorüberzieht, rührt sie sich nicht. Dann kommt die dritte Gruppe, und an der Spitze reitet Tam Lin auf seiner milchweißen Stute, und das Mädchen sieht auch den Goldreif in seinem Haar. Sie springt aus dem Schatten auf den Weg, greift Tam Lin in die Zügel, zerrt ihn aus dem Sattel, schließt ihn in die Arme und presst seinen Kopf an ihre Brüste.

Einen Augenblick lang ist es totenstill. Dann braust ein Schrei durch die Nacht: »Tam Lin! Tam Lin ist verschwunden!« Die Feenkönigin reißt ihren Rappen herum und prescht heran. Und sie weiß, was geschehen ist. Sie hält vor dem Mädchen, sagt kein Wort, aber ihre unmenschlich schönen Augen starren auf das Menschenpaar. Und dann wirft sie ihren Zauber auf Tam Lin; er wird kleiner und kleiner, das Mädchen fühlt, er will ihr aus den Händen gleiten, sie drückt eine Eidechse an ihre Brust – aber sie lässt nicht los. Da windet sich die Eidechse und dehnt sich und wird zur schlüpfrigen Schlange, die zischt und faucht, und giftet sie an – aber sie lässt nicht los. Da wird die Schlange starr und hart und heiß und immer heißer, sie wird zu rot glühendem Eisen, und das glühende Eisen versengt dem Mädchen Haut und Haar. Sie weint vor Furcht und vor Schmerz, aber sie drückt Tam Lin noch immer an sich.

Da weiß die Feenkönigin, dass sie den Mann verloren hat, all ihr Zauber richtet nichts aus gegen die unnachgiebige Liebe einer sterblichen Frau. Die Königin wendet sich ab, und gleich hat Tam Lin wieder seine menschliche Gestalt: Nackt und bloß, wie er aus dem Schoß seiner Mutter in die Welt gekommen war, liegt er in den Armen der Frau, die ihn erlöst hat.

Lautlos setzt sich der Feenzug wieder in Bewegung und zieht weiter. Doch noch einmal schaut die Königin zurück, sie winkt mit ihrer schmalen grünen Hand, und Tam Lins weiße Stute folgt ihr. Und das Mädchen hört sie klagen: »Den schönsten Ritter aus meinem Gefolge hab' ich verloren an die Welt der Sterblichen. Hätte ich nur gewusst, dass eine sterbliche Frau so lieben kann, ich hätte ihr das Herz aus der Brust gerissen und eingetauscht gegen ein Herz von Stein. Die hübschen grauen Augen hätte ich ihr aus dem Gesicht gekratzt, tote Holzaugen hätte ich ihr angehext!«

Aber da wird es hell, der Morgen dämmert, und mit einem unheimlichen Schrei geben die Feenreiter ihren Pferden die Sporen – und der ganze Spuk ist verschwunden.

Tam Lin aber küsste die Tränen von den Wangen des Mädchens, und er küsste mit kühlen Lippen ihre verbrannten Hände. Und als die Sonne aufging, liefen sie heim zu dem grauen Schloss ihres Vaters.

Nach-gedacht

Zwei starke Frauen, dazwischen – ihnen ausgeliefert – ein Mann, und nur die Liebe der irdischen Frau erlöst ihn aus dem dunklen Bann der Feenkönigin. Tam Lin ist ein Beispiel für ein »spätes« Feenmärchen; dass sich eine Jenseits-Frau in einen Menschen-Mann verliebt, ist ein altes und häufiges keltisches Motiv, vielleicht ein Nachhall der uralten Vorstellung von der Heiligen Hochzeit der Göttin des Landes mit dem König, dem Stammesführer. Aber im Lauf der Zeiten wird diese Verbindung mit der unbegreiflichen Anderswelt immer dunkler und bedrohlicher, und die Liebe nach Menschenmaß wirkt als Gegenzauber. Gönnen wir Tam Lin und seiner Erlöserin alles Glück dieser Welt – aber ob er sich im grauen Schloss wohl noch manchmal nach dem Wald von Carterhaugh gesehnt hat?

Etain oder die goldene Fliege

*Es gibt viele Varianten der Geschichte von Etain, denn Etain
war ursprünglich wohl einer der Namen jener Großen Göttin,
in der die Lebenskraft der Grünen Insel Gestalt annahm.
Wenn sich diese Göttin mit dem König verband, wenn also
Anderswelt und Menschenwelt zusammenfanden, dann
glückte das Leben. Meine Nach-Erzählung beruht auf einer
Rekonstruktion und Nachdichtung des alten Stoffes durch
Ella Young vom Anfang des 20. Jahrhunderts.
Die Geschichte von Etain gehört zu den längsten Erzählungen
dieses Buches, darum kann sie nur in einer konzentrierten
Atmosphäre vorgetragen werden. Sie bietet sich auch dazu an,
in mehreren »Akten« erzählt zu werden. Nach jedem »Akt«
werden dann die Zuhörenden um ihre Meinung zum Gehörten gebeten und um ihre Vermutungen, wie die Geschichte sich
fortsetzen könnte. Nach meiner Erfahrung geeignete »Haltepunkte« habe ich durch ein 🏵 gekennzeichnet.
Schließlich noch einige Angaben zur Aussprache
der keltischen Namen:
Etain = Ehdien; Midir = Mißir oder Mir;
Fuamach = Fuhmock, Tir-na-nog = Tiernanoh;
Eochaid = Uchie, Samhain = Sauien.*

Etain, die Schöne mit dem goldenen Haar, Angus der ewig-junge Weltenwanderer, Fuamach, die dunkle Zauberin, und Midir, der Rote, der Weltenbauer, lebten vor Zeiten in Tir-na-nog, der lichten Anderswelt der Unsterblichen. Etain aber sprach zu Angus: »Ich bin aller Dinge, die ich sehe, müde. Lass mich mit dir in andere Welten gehen.« Doch Angus warnte sie: »Wenn ich durch fremde Welten wandere, weiß niemand dort, dass ich einer der Unsterblichen bin. Für die Erden-Menschen bin ich nichts als ein Bettler, ein Gaukler, ein fahrender

Sänger. Wenn du mit mir kommst, wirst du eine heimatlose Bettlerin sein.«

»So will ich zu Midir gehen«, sprach Etain, »und ihn bitten, dass er mir eine eigene Welt baut, denn ich bin aller Welten, die ich kenne, müde.«

Als Etain zu Midir kam, sah sie unter sich die Welt der Hellen Schatten, Ildathach genannt, und die Welt der Dunklen Schatten, die man Erde nennt. Midir schaute auf die dunkle Erde, und wo er hinsah, da breitete sich Licht über die Erde aus. Etain aber wurde zornig, weil Midir nur Augen für die Erde hatte, sie wandte sich ab und rief: »Ich wünschte, alle Welten stürzten ein, denn ich bin ihrer so müde.« Das hörte Fuamach, die Dunkle, sie sprach: »Du hast das unzufriedene Herz einer brummenden Fliege! Werde zur Fliege, Etain, und wandere durch die Welten, bis sich dein Herz gewandelt hat.«

Da wurde Etain zu einer kleinen goldenen Fliege. Aber sie fürchtete sich, das Licht der Anderswelt zu verlassen. Sie flog zu Midir und umsummte ihn. Doch Midir sah nur auf die Erde, wie sie heller wurde, und scheuchte die kleine Fliege achtlos davon. Da flog sie zu Angus, der auf seiner Harfe spielte, und umsummte ihn. »Du gefällst mir, kleine goldene Fliege«, sagte Angus, »weil du so schön bist, will ich dir etwas schenken. Sage mir, was du dir wünschst?«

Da konnte Etain wieder sprechen: »O Angus, ich bin's, Etain. Fuamach hat mich in eine Fliege verwandelt. Gib mir meine wahre Gestalt zurück.« Traurig sah Angus sie an: »Nur in der Welt der Hellen Schatten bin ich ein Gestaltenwandler. Aber komm mit mir dorthin nach Ildathach, dort will ich dir einen Palast bauen aus den Farben des Regenbogens. Solange du darin bist, wirst du deine Schönheit zurückerhalten.«

So ging Etain mit Angus nach Ildathach, dort baute er ihr einen Palast aus den Farben des Regenbogens. Vier Fenster hatte dieser

Palast: Wenn Etain aus dem Westfenster schaute, so sah sie einen großen Wald aus Föhren und Eichen und Bäume mit goldenen Äpfeln. Schaute sie aus dem Nordfenster, sah sie einen Berg, steil aufragend wie eine Speerspitze. Aus dem Südfenster sah sie eine weite Ebene mit vielen glänzenden Seen. Das Ostfenster aber war verschlossen, und es war ihr verboten, die Läden zu öffnen.

Lange Zeit war Etain glücklich im Regenbogenpalast. Aber dann kam wieder die alte Sehnsucht und Unruhe über sie. Sie rief: »Ich wollte, diese Wände stürzten ein, denn ich bin ihrer so müde!«, lief zum Ostfenster und riss die Läden auf. Draußen sah sie das sturmgepeitschte Meer, und der Sturm ergriff sie und wirbelte sie hinaus aus dem Regenbogenpalast. Und sie flog – nun wieder eine kleine goldene Fliege – aus der Welt der Hellen Schatten immer weiter fort in die Welt der Dunklen Schatten, flog und flog durch brennende Sonne und prasselnden Regen bis zu einem Königsschloss. Der König stand mit seiner Königin auf den Zinnen, und er reichte ihr gerade einen goldenen Becher voll Met. Da setzte sich Etain auf den Becherrand, und die Königin trank die kleine Fliege mit dem Met.

Nach einer Zeit gebar die Königin ein seltsam schönes Mädchen, das nannte sie Etain. Jeder im Schloss liebte das Kind und wollte es erfreuen – aber nie sah man das Mädchen lächeln. Da wurde die Königin traurig, und manchmal dachte sie, ihre Tochter müsse wohl eine der Unsterblichen sein, die zu viel Freude oder zu viel Schmerz für eines Sterblichen Kraft mitbringen in diese Welt.

Einmal hörte Etain die Sänger der Königin singen. Da sagte sie: »Solcher Gesang ist nicht wert, dass man zuhört.« Und dann sang sie ein eigenes Lied, das war ihr wohl noch in Erinnerung aus der Anderswelt, denn kein Mensch hatte je solchen Gesang gehört. Da sah ihr die Königin in die Augen, und sie erkannte, dass Etain nicht ihr Kind war, sondern eine der Unsterblichen, und sie erschrak zu Tode, sank vom Thron und starb.

Der König fürchtete sich vor Etain. »Du bringst nur Unglück!«, sagte er, und er schickte sie fort in eine kleine Hütte aus Weidengeflecht tief im Wald, wo nur Hirten zu ihr kamen und ihr zu essen brachten. Doch Etain wurde schöner mit jedem Tag, sie ging umher unter den Bäumen und sang ihre eigenen Lieder.

Eines Morgens saß Etain vor ihrer Hütte, sie hatte das Haar gelöst und kämmte es mit einem silbernen Kamm, hell leuchtete die Sonne über ihr, und ihre Locken schimmerten wie Gold. Da ritt der Hochkönig von Erin vorüber. Sein Name war Eochaid, er war jung und schön und stark. Als er Etain sah, dachte er: »In der ganzen Welt gibt's keine schönere Frau als diese«, er sprang vom Pferd und ging zu ihr: »Wie heißt du?« – »Etain.« – »Es ist nicht recht, dass deine Schönheit in diesem Wald verborgen bleibt«, sagte der König, »komm mit mir, Etain, und werde meine Frau, werde Königin von Erin.« Etain sah ihn an, ihr war, als hätte ihr Herz das seine immer schon gekannt. »Ich habe hier auf dich gewartet«, sagte sie, »und auf niemanden sonst. Nimm mich mit in dein Haus, Eochaid.«

So machte Eochaid sie zu seiner Königin, und ihre Schönheit war die Freude des ganzen Landes. Eochaid baute ihr einen wunderbaren Palast, der hatte neun Tore, aus rotem Eibenholz geschnitzt, und die Wände waren mit kostbaren Steinen verziert. Die besten Harfenspieler Erins spielten für die Königin, und die tapfersten Krieger wachten an ihren Toren.

Der König war glücklich, aber durch Etains Herz ging alle Zeit eine Sehnsucht, die ließ die reichen Wände arm erscheinen, und ein Lied, vor dem alle anderen Lieder erstarben. Wenn die Harfenspieler in Eochaids Halle sangen, dann lag Etains Traurigkeit auch auf ihrem Gesicht. Und die Krieger des Königs fühlten sich in ihrer Nähe wie einsame Vögel über den Wogen, die niemals ein Nest gebaut, und wer ihr in die Augen sah, fing an zu träumen, von fernen Ländern und von der Fahrt über das endlose Meer.

An Samhain, dem Erntefest, stand Etain auf der Schwelle des Palastes in der Morgensonne und sah den Möwen nach. Drinnen in der Halle streute der Narr des Königs grüne Binsen und duftende Blätter und Blüten auf den Boden. Der Narr war wirklich ein Narr, alle eigene Klugheit hatte ihn verlassen – aber in ihm war etwas von der dunklen Weisheit der Anderswelt. Etain hörte ihn singen:

»Zwei Hunde, ein weißer, ein schwarzer, sind mein,
Tag und Nacht wollen sie bei mir sein.
Eine mächtige Woge verschlang das Meer,
doch die Hunde folgten mir bis hierher.
Eine Krone ist auf des Weißen Haupt,
doch die sieht keiner, der nicht daran glaubt.
Und die Augen des Schwarzen sind feuerhell,
und ich liebe auch ihn und sein Gebell.
Gehn wir vorüber, meine Hunde und ich,
verneigen der Mond und die Sonne sich.«

Etain wandte sich auf der Schwelle um und ging hinein und trat dabei achtlos über die ausgestreuten Blüten: »Sing weiter, Narr«, sagte sie, »ich wollte, mein Herz wäre so unbeschwert wie deins.«

»Wie sollte dein Herz denn leicht sein, o Königin,« sagte der Narr, »wenn du den Blumen nicht erlauben willst, dass sie blühen, und den Vögeln den klaren Himmel nicht gönnst, dass sie darunter singen. Wärest du eine der Unsterblichen, du würdest die ganze Welt verbrennen, nur um dir daran die Hände zu wärmen.« Schamröte flog da über Etains Gesicht. Sie bückte sich und hob eine der kleinen Blütenknospen auf. »Die Unsterblichen könnten diese Knospe zum Blühen bringen«, sagte sie, »aber alle Blüten, die ich breche, welken in meiner Hand. Ich werde keine Blüte mehr brechen, Narr.«

Da erhob sich draußen Lärm, und als Etain fragte, was da sei, erzählten ihr Frauen, nur ein bettelnder Gaukler werde davongejagt. »Lasst ihn bleiben«, sagte Etain, »ich will mir seine Kunststücke ansehn.« – »Ach Königin«, sagten die Frauen, »er ist ein armseliger Hungerleider. Wie sollte er dich erfreuen, wo nicht einmal Incar, der Gaukler des Königs, dich erfreuen kann.« – »Lasst ihn bleiben«, sagte Etain noch einmal, »er wird mich erfreuen, und heute Abend wird auch Incar mich erfreuen.«

Sie ging hinaus zu dem Bettler und gebot ihm, seine Kunst zu zeigen. Er war aber ungeschickt, und seine Zauberei war das Ansehen nicht wert. Doch die Königin schenkte ihm einen Ring von ihrem Finger und die Knospe, die sie in der Hand hielt, und sagte: »Bleib heute hier, und der Gaukler des Königs wird dich gute Kunststücke lehren.« Da lächelt der Bettler, er steckt den Ring ein, aber die Knospe behält er in der Hand, und sie blüht auf zu einer Rose. Dann pflückt er die Rosenblätter und wirft sie in die Luft. Und sie werden zu wunderbaren weißen Vögeln, und wer sie singen hört, vergisst vor Freude den Himmel über sich und die Erde unter sich. Nur Etain schlägt die Hände vor die Augen, und Tränen rinnen durch ihre Finger: »O Angus! Angus! Komm zurück!« Die weißen Vögel aber fliegen singend davon. Und als das Volk sich nach dem Bettler umsah, da war er verschwunden, und niemand sah ihn wieder.

An diesem Abend feierten sie das Samhain-Fest in der Königshalle. Und Incar zeigte seine Kunst mit goldenen Bällen und wirbelnden Schwertern. Und das Volk schrie vor Freude, denn zum ersten Mal lachte die Königin.

Da trat ein großer dunkler Mann in fremdartigen Kleidern in die Halle. Der König liebte es, mit Männern aus fernen Ländern zu reden, er rief den Fremden zu sich und fragte: »Welches Wissen hast du? Und was ist deine Kunst?«

»Ich weiß,« sagte der Fremde, »wohin die Sonne geht, wenn sie den Augen der Erde entschwindet. Und ich kann Schach spielen.«

Da freute sich der König, denn er spielte so gut Schach, dass ihn noch nie jemand dabei geschlagen hatte. »Lass uns ein Spiel miteinander machen«, rief er, und dann lief er selbst hinaus, um sein Schachspiel zu holen.

Da zog der Fremde aus seinem Mantel ein Schachspiel, wie man's auf Erden noch nie gesehen hatte: Die Felder waren aus weißem und rotem Gold und die Figuren aus Elfenbein und Edelstein. »Ich tausche dies Brett hier gegen deins«, sagte er zur Königin. – »Nein«, sagte Etain, »ich will das Spiel behalten, das Eochaid für mich gemacht hat.« – »Auch ich will etwas für dich machen«, sagt der Fremde da, »ich will Welten für dich bauen!«

Da sieht Etain ihm in die Augen, und sie erinnert sich an die Anderswelt und wie sie mit Midir und Angus und Fuamach durch die Welten gewandert ist, und an die Zeit, als sie eine kleine goldene Fliege war. »O Midir«, sagt sie, »in allen Welten bin ich nichts als eine kleine Fliege. Ich bin weit gewandert, aber heute habe ich Weisheit gelernt von einem Narren, und Eochaid hat mir eine Welt gebaut.«

Da kam Eochaid zurück mit seinem Schachspiel. »Das erste Spiel auf meinem Brett«, sprach der Fremde, »das letzte auf deinem.« – »Einverstanden«, sagte Eochaid, »um was wollen wir spielen?« – »Lassen wir den Gewinner entscheiden!« Sie spielten das erste Spiel, und Eochaid gewann. »Was sei dein Preis?«, fragte der Fremde. – »Fünfzig Pferde, wie die Unsterblichen sie reiten, schnell wie der Wind und feurig wie die Sonne!« – »Gewährt«, sprach Midir.

Sie spielten ein zweites Spiel, wieder gewann der König. »Was sei diesmal dein Preis?«, fragte der Fremde. – »Die steinigen Hügel von Erin sollen sich bedecken mit Grün, mit Binsen und Bäumen und Blumen!« – »Gewährt«, sprach Midir.

Sie spielen das dritte Spiel – auf Eochaids Brett – und diesmal gewinnt der Fremde. »Und was sei dein Preis?«, fragt Eochaid. Ernst blickt Midir ihn an: »Ich erbitte Etain, deine Königin.« – »Nein«, ruft Eochaid, »Etain geb' ich niemals her!« – »Geh vor die Tür, draußen stampfen die Pferde der Unsterblichen. Sieh aus dem Fenster, die steinigen Hügel von Erin sind grün. Willst du, König, dass man dich wortbrüchig nennt?«

Und dann wendet sich Midir an Etain: »Komm mit mir, Etain, zurück in deine eigene Welt!« – »O Midir,« sagt Etain, »nicht eine

Welt von all den Welten ist mein, und nie fand ich mein eigenes Reich. Eochaid aber hat mir eine Welt geschenkt, und das ganze Volk schenkte mir seine Liebe. Lass mich noch ein Jahr bei ihnen bleiben und ihnen Freude bringen.« Da verneigt sich Midir und spricht: »Ich komme in einem Jahr zurück!« Und er verlässt die Halle, aber niemand sieht ihn gehen.

Das Jahr aber, das nun folgte, war ein Jubeljahr, wie es in Erin nie vorher und niemals wieder eines gegeben hat. Es war dreifach gekrönt, mit der Krone der guten Ernte, mit der Krone des siegreichen Kampfes und mit der Krone unvergesslichen Gesangs. Und Etain schenkte Eochaid so viel Freude, wie sie nur mit dem Maß der Unsterblichen zu messen ist.

So verging das Jahr. Wieder feierten sie zur Samhain-Zeit ein großes Fest in Eochaids Halle, und all die Könige von Erin waren dort und ihre Helden und Barden und Druiden, und die Herzen aller waren voll Freude. Plötzlich aber ist die Halle erfüllt von einem Licht, das lässt all die Fackeln und großen Festkerzen matt erscheinen. Und Midir mit dem roten Haar steht mitten in der Halle. Und all die Könige und Helden, Barden und Druiden erheben sich von ihren Sitzen und verneigen sich, denn diesmal erkennt ein jeder Midir, den Roten. Der aber schaut nur auf Etain, die sitzt neben dem König auf einem Thron aus geschmiedetem Silber. Dann zieht Midir eine kleine Leier aus dem Mantel und spielt und singt, dass ihre Zeit auf Erden zu Ende sei:

»*Komm mit mir! Komm mit mir, Etain!*
Lass das ermüdende Leben, lass Haus und Land.
Windschnelle weiße Pferde ziehen den Sonnenwagen,
und seine Feuer verbrennen zu Asche den Tag.
Hörst du nicht, nachts ruft es deinen Namen,
Etain! Etain! Etain!
Und die Nacht ist ein flammendes Licht!
Hast du noch Sehnsucht nach den Sternenherden,

die wie unsterbliche Vögel die Zeit durchziehn?
Nach Blumen, die niemals der Hauch des Todes streift?
Hast du in der Fremde meine Liebe vergessen?
Was hält dich zurück im dunklen Land der Gräber?
Kehr' heim, Etain. Die Himmel trauern um dich!
Und all ihre Lichter werden blind ohne deinen Glanz.
Komm, du Licht aller Welten, kehre heim!«

Und als das Lied verklungen ist, streckt Midir die Hand nach Etain aus und spricht: »Nun komm mit mir, Etain!«

Da umarmt Etain ihren Eochaid ein letztes Mal, sie küsst ihn und sagt: »Eochaid, ich habe in dieses eine Jahr die Freude eines langen Lebens gelegt. Und heute hast du das Lied der lichten Anderswelt gehört, den Gesang der Unsterblichen. Und das Echo dieser Musik wird für immer in den Harfensaiten der Sänger von Erin sein. Dein Name aber, Eochaid, der wird unvergessen bleiben, solange der Wind noch weht und das Wasser fließt, denn Etain, die von den Unsterblichen geliebt wird, von Midir, dem Weltenbauer, und Angus, dem Weltenwanderer – die liebt, Eochaid, dich!«

Dann aber legt sie ihre Hand in Midirs Hand, und sie steigen zusammen empor, so wie Flammen aufsteigen zum Himmel – andere sagen: wie Schwäne davonfliegen –, steigen empor in die lichte Anderswelt der Unsterblichen über den Wolken und Welten, wo Angus und Fuamach auf sie warten. Und nun wandern sie wieder miteinander durch Welten und Zeiten, wie sie gewandert sind seit dem Anbeginn aller Welt und Zeit.

Nach-gedacht

Etain ist eine Unsterbliche, sie verkörpert Licht und Schönheit und zugleich wohl auch die unsterbliche Sehnsucht, die in jedem Mensch wohnt. Vor dieser Sehnsucht kann keine Welt bestehen, Etain ist lebens-müde. Verbannt wandert sie durch Welten und

Zeiten, ihr Freund Angus baut ihr ein Wolkenschloss, aber auch das erweist sich letztlich als goldener Käfig für ihre Sehnsucht.

Endlich kommt sie als Menschenkind zur Menschenwelt, aber ihr Herz hat sich noch nicht gewandelt: Nie lächelt sie, nichts genügt ihr: »Solche Musik ist nicht wert, dass man zuhört«, ist der einzige Satz, den wir von ihr in ihrem Elternhaus zu hören bekommen. Verbannt in die Einsamkeit findet sie wohl ihren eigenen Klang, ihre eigenen Lieder, dann auch die große Liebe. Wie Angus baut der König ihr einen Palast, und wieder ist es nur ein goldener Käfig, in dem Etains Sehnsucht verkümmert, und ihre Traurigkeit steckt alle an.

Am Samhain-Fest, wenn die Tore zur Anderswelt offen stehen, öffnet der Narr des Königs ihr die Augen. »Ich werde keine Knospe mehr brechen«, verspricht sie, und einem ungeschickten Gaukler, der vorbeikommt, begegnet sie freundlich, nicht verurteilend, sondern aufbauend. Und da entpuppt der sich als Angus, und Etain weint und lacht zum ersten Mal – ihr Herz hat sich gewandelt.

Hier könnte die Geschichte enden. Aber nun wird ausgemalt, dass Etain, die Unsterbliche, die alle Zeit der Welt hat, eine begrenzte Zeit erfährt. Als der König sie im Spiel an Midir, ihren Gefährten aus der Anderswelt, verliert, bleibt ihr nur noch ein Jahr. Ein Jahr, das sie nicht für sich erbittet, sondern um anderen Glück zu bringen. Und nach diesem einen Jahr muss sie auch wirklich gehen, aber nicht ohne dem König ihre Liebe zu versichern, nicht ohne etwas zu hinterlassen: einen Traum vom geglückten Leben, eine Erinnerung an ihre Schönheit und das Echo ihrer Lieder. So ist das Ende nicht fröhlich, aber auch nicht trostlos, sondern bittersüß, traurig und schön zugleich; sehr keltisch, wie mir scheint.

Etain ist für mich ein Bild jener inneren Kraft und Ahnung, die wir auch »Seele« nennen. Einst verkörperte ihr altes mythisches Urbild, die »Göttin des Landes«, wohl die »Seele« der Grünen Insel, heute ist Etain für mich jene unstillbare Sehnsucht in uns, die uns manchmal das Gefühl gibt, wir könnten doch in Wahrheit gar nicht von dieser endlichen und begrenzten Welt sein. Doch gerade die Begrenztheit unserer Zeit kann uns die Kostbarkeit und Schönheit dessen entdecken lassen, was nicht selbstverständlich, nicht immer möglich und gegeben ist.

Das Glückskind

*Die Erzählung vom Glückskind erscheint mir in
mancher Hinsicht wie eine Fortsetzung der Geschichte von
Etain, und wie diese geht sie zurück auf ein Mythenmärchen,
das Ella Young überliefert hat. Ob es wirklich in alten Quellen
wurzelt, die mir nicht bekannt sind, ob es aus mündlichen
Traditionen stammt oder eine mit alten Motiven neu
erfundene Geschichte von Ella Young ist, vermag ich nicht
zu sagen; aber ich habe die Geschichte vom Glückskind hier
aufgeführt, weil seine Bildersprache sehr keltisch ist und
historisch zumindest ein Beleg für die keltische Renaissance
der Spätromantik. Zudem, und das ist mir wichtiger als
historische Einordnungen, ist es eine gute Geschichte.
Beim Erzählen oder Vorlesen ist es besonders wichtig,
die drei unterschiedlichen Männer, deren Zusammen-
spiel das Glück aufleben lässt, sprachlich
voneinander abzuheben.
Die Namen werden wohl wie folgt ausgesprochen:
Aidan = Ejdan; Tadhg = Teig; Lugh = Lu.*

Aidan, Osric und Tadhg waren die Kuh-Hirten des Hochkönigs von Erin. Aidan war alt und mild, Osric war jung und wild, und Tadhg war ein Narr. Sie hüteten das Vieh des Königs und jagten die wilden Tiere, die die Herden bedrohten. Und nachts schliefen sie in einer kleinen Hütte aus Weidenruten am Rande des Waldes.

Einmal, als Tadhg trockenes Feuerholz sammeln ging, sah er unter einer Föhre, in einen Mantel gewickelt, ein kleines Kind. Er ging näher heran, und das Kind lächelte ihn an. Da vergaß Tadhg das Holz und das Feuer und setzte sich neben das Kind unter die Föhre. Nach einer Weile kam Osric, um zu sehen, wo Tadhg so lange bliebe. »Wer einen Narren ausschickt, der kann lange warten«, rief er ihm zu. »Was vertrödelst du deine Zeit, während das Fleisch auf Feuer wartet und das Feuer auf Holz?«

»Ich hab' hier etwas gefunden«, sagte Tadhg, »das ist besser als Holz und Feuer und Fleisch. Sieh doch: ein Kind, ein Geschenk vom Verborgenen Volk.« Nun sah auch Osric das Kind. »Das ist ja noch kein Jahr alt«, sagte er. »Was sollen wir denn damit anfangen?« Da lächelte das Kind ihn an.

»Ja, wo sollen wir dich denn lassen, Kind?«, fragte Osric.

»Hab' keine Angst, mein Kind«, sagte Tadhg. »Ich bau' dir ein Haus, ein kleines Haus mitten im Wald, wo niemand dich finden kann außer mir.«

»Ja, es wäre wirklich ein Jammer, wenn das Kind hier draußen umkommen würde,« sagte Osric. »Du hast schon Recht, wir müssen ihm ein Haus bauen.«

Da kam auch Aidan. Er hob das Kind auf, hielt es im Arm und besah sich den Mantel, in den es gehüllt war. Der war über und über bestickt mit goldenen Blumen. »Das ist das Kind einer Königin«, sagte Aidan, »und eines Tages werden hohe Herren kommen und es suchen.«

»Ich will aber nicht, dass hohe Herren es mir wegnehmen«, sagte Tadhg. »Es ist mein Glückskind. Und es ist auch Osrics Glückskind. Wir werden ihm ein Haus bauen, und es wird uns Glück bringen an jedem Tag unseres Lebens!«

»Es ist ja auch mein Glückskind«, sagte Aidan. »Kommt, wir drei bauen mitten im Wald ein geheimes Haus, dort wollen wir das Kind behüten vor den Augen aller fremden Eindringlinge.« Also suchten sie einen verborgenen grünen Flecken im Wald, bauten dort ein kleines Haus und zogen das Kind, es war ein Mädchen, im Geheimen auf. Die Kleine wuchs heran, und es war eine Freude, sie wachsen zu sehen, und sie wurde schöner von Jahr zu Jahr.

Tadhg brachte ihr Beeren und schnitt ihr eine kleine Flöte aus Schilfrohr und lehrte sie, darauf zu spielen. Wenn das Glückskind in seine Flöte blies, kamen die Tiere des Waldes heran und lauschten. Rot gefleckte Rehe waren ihre Spielgefährten, und der

Wolf schmiegte sich an sie und leckte ihre Hände. Osric machte ihr einen Bogen und lehrte sie, mit Pfeilen zu schießen. Aber sie hatte kein Verlangen danach, Tiere zu töten, denn sie betrachtete sie alle als ihre Freunde. Aidan erzählte ihr Geschichten. Er erzählte von der Sonne: »Die verwandelt sich zur Nacht in einen weißen Hund, dem legt der Herr des Lichtes, Lugh mit der Langen Hand, eine silberne Kette an und nimmt ihn mit in seinen geheimen Palast; dort schläft der weiße Hund zu seinen Füßen, bis Lugh ihn am Morgen freigibt und wieder über den Himmel laufen lässt.«

Und Aidan erzählte ihr von Brigit, der Großen Mutter des Lebens: »Die zählt alle Sterne, dass auch nicht der kleinste verloren geht; und am Morgen treibt sie die Sternenherde vom Himmel, bevor Lughs großer Hund kommt, sie zu jagen. Und in der Morgendämmerung sammelt Brigit Heilkräuter, denn sie ist es, die den Weisen das Geheimnis des Heilens schenkt und die jedem Kraut, das da wächst, seine verborgene Heilkraft gibt.« Und einmal, so erzählte Aidan, einmal habe der Sänger des Hochkönigs Brigit gesehen, und er habe ein Lied für sie gedichtet und singe von ihr als der »reinen Flamme der Gälen, ewig jung und ohne Asche«. Das Glückskind liebte Aidans Geschichten und hörte sie auch dann noch gern, als es älter und größer geworden und kein kleines Kind mehr war. Tadhg aber war traurig, weil sie so schnell größer wurde. Und eines Tages setzte er sich hin und fing an zu weinen.

»Was weinst du denn so«, fragte Osric.

»Ach, unser Glückskind ist schon so groß geworden. Bald wird das Verborgene Volk erkennen, dass sie kein Kind mehr ist. Und dann werden die Verborgenen kommen und sie zu ihrer Königin machen. Und dann findet sie nie, nie wieder zu uns zurück. Und darum weine ich!«

»Na, wenn die Häuptlinge und Krieger des Königs sie nicht sehen, so ist sie wohl sicher genug«, meinte Osric. »Und sollten die Männer des Königs kommen, um sie zu holen – kampflos gäbe ich sie nicht her!«

Aidan hörte sie so reden. »Redet nicht von Not und Schmerz, wenn ihr von unserm Glückskind sprecht«, sagte er. »Eines Tages wird sie den Platz einnehmen, der ihr gebührt, und dann wird sie jedem von uns seinen Herzenswunsch erfüllen.«

»Ja, dann wünsche ich mir einen Mantel«, rief Tadhg, »der muss über und über mit Gold bestickt sein. Und was wirst du dir wünschen, Osric?«

»Schwert und Schild und Speer, »sagte Osric, »und das Recht, mit den Helden in den Kampf zu ziehen!«

»Und was wäre dein Wunsch, Aidan?«

»Ach Tadhg, ich habe nur einen Wunsch: Ich möchte im Schloss unsres Glückskindes sitzen und den Sängern lauschen, wenn sie ihm Lob singen werden.«

»Ich geh' und sag' dem Glückskind unsere Wünsche«, rief Tadhg, »damit es die auch kennt, wenn es seinen Platz einnimmt.«

Er lief zu der kleinen Hütte im Wald, und das Mädchen sah ihn kommen und lief ihm entgegen. Als sie die drei Wünsche hörte, lachte sie: »Ich habe auch einen Wunsch für die Tage der besseren Zukunft. Ich werde mir wünschen, dass Tadhg und Osric und Aidan immer bei mir sein können.« Und dann nahm sie ihre kleine Rohrflöte. »Hör einmal zu, Tadhg«, sagte sie, »ich spiel' dir ein Lied vor, das hab' ich in der letzten Nacht gehört, als der Wind die Hügel hinunterfegte.« Und Tadhg setzte sich unter eine Föhre und hörte zu.

Da kam ein großer weißer Hund durch den Wald gelaufen. Als er Tadhg sah, blieb er stehen und bellte. Der Hund hatte ein goldenes Halsband, das war mit drei Kristallen besetzt. »Einem solchen Hund muss ein König folgen«, rief Tadhg, »schnell, Glückskind, versteck dich, dass er dich nicht sieht!« Sie wollte davonlaufen, aber der Hund umbellte ihre Füße und ließ sie nicht fort. Da rief eine klare Stimme den Hund zurück, und hinter den Bäumen kam der Hochkönig von Erin hervor. Bei ihm war nur sein Ziehbruder.

Der König, er hieß Eterscel, war jung und schön. Auf Tara nannte man ihn »das Licht der Schönheit«, auch sein Mut und seine Weisheit wurden von allen gerühmt. Und sein Ziehbruder trug einen breiten Reif von rotem Gold im Haar, denn er war der Sohn eines stolzen Königs im Norden. Doch das Glückskind erschien diesen beiden schönen, stolzen Männern als wahres Wunder, so schön war sie. »Was ist das für ein Mädchen?«, fragte der König und stand nur da und schaute sie an.

»Das ist mein Glückskind, o König«, sagte Tadhg.

»Dieses wunderschöne Mädchen ist niemals dein Kind«, sagte des Königs Ziehbruder. »Nein«, sagte Tadhg, »sie ist ein Kind des Verborgenen Volkes. Aber sie hat mir Glück gebracht an jedem Tag, seit ich sie gefunden hab'.«

»Erzähl mir, wie du sie gefunden hast«, sagte der König.

»Sie lag unter einer Föhre, ein kleines Kind von noch nicht einem Jahr, gewickelt in einen Mantel, der war bestickt mit kleinen goldenen Blumen. Und sie hat mir Glück gebracht seit jenem Tag.«

»Und von heut an soll sie auch meine Glücksbringerin sein«, sagte der König. »Komm mit mir, du Glückskind, und lebe mit mir in meinem Palast und teile dein Glück mit mir. Du sollst Hochkönigin von Erin werden, und nie sollst du mich zweimal um etwas bitten müssen.«

»Wirst du Tadhg einen goldenen Mantel geben?«, fragte das Glückskind, »und ihn immer bei mir sein lassen?«

»Das will ich«, sagte der König.

»Und wirst du Osric Schild und Schwert geben und ihn in den Kampf ziehen lassen wie einen Helden?«

»Wer ist Osric?«

»Osric hat mir ein Haus gebaut und mich gelehrt, mit Pfeil und Bogen zu schießen, und er hat mir Lachse gefangen im Fluss. Ohne Osric geh' ich nicht mit dir!«

»Ich werde Osric geben, um was immer du bittest«, sagte der König. »Lass ihn zu mir kommen.«

»Ich hole ihn!«, rief Tadhg, und dann lief er los, um Osric und Aidan zu suchen.

»Ach Ziehbruder«, sagte der König, »wie gut, dass wir uns in diesem Wald verirrt haben. Denn nun habe ich die Königin gefunden, die mir von den Sehern und Druiden verheißen wurde. ›Großes Glück‹, sagten sie, ›wird König Eterscel widerfahren, wenn er sich mit einer Königin aus unbekanntem Stamm vermählt.‹ Dieses Mädchen ist mein Glück!« Und er nahm das Glückskind bei der Hand, und sie gingen durch den Wald, und der weiße Hund folgte ihnen.

Da kamen ihnen Tadhg, Osric und Aidan entgegen. Das Glückskind rief sie herbei und stellte sie dem König vor: »Der hier ist Osric«, sagte sie. »Und das ist Aidan, der mir Geschichten erzählt.«

»Ich werde Osric einen von meinen eigenen Kampfwagen schenken«, sagte der König, »und die Waffen dazu, die soll er sich selbst auswählen. Und was soll ich Aidan geben?«

»Hast du einen geschnitzten Sitz in deinem Palast, auf dem er sitzen und deinem Sänger lauschen kann, dem, der das Lied für Brigit gedichtet hat?«

»In meinem Palast gibt es viele geschnitzte Sitze«, sagte Eterscel, »und er soll auf einem sitzen. Ja, alle drei sollen Ehrensitze bekommen als die Pflegeväter der Hochkönigin von Erin.«

Dann wandte er sich an die drei Hirten. »An dem Tag, als ihr eurem Pflegekind die kleine Hütte im Wald gebaut habt, da habt ihr Wahrheit hineingebaut in die Worte der Seher. Darum will ich euch, solange ich lebe, meinen Schutz und meine Hilfe geben. Und ihr sollt wie Häuptlinge Met trinken in eigenen Hallen.«

»Möge alle Tage Glück und Segen mit dir sein, o König!«, sagte Aidan. »Das ist eine gute Stunde, in der du zu uns gekommen bist.«

»Und nun«, rief das Glückskind, »nun gehen wir alle zum Palast. Tadhg, wo ist meine Flöte?«

»Sie ist noch in deiner Hütte«, sagte Tadhg. »Ich lauf' schnell zurück und hol' sie dir.«

»Nein«, sagte der König, »es gibt Flöten genug in meinem Palast. Und ich will dir eine schenken, die aus Silber ist und besetzt mit Edelsteinen.«

Da klatschte das Glückskind vor Freude in die Hände: »Und ich schenke dir Liebe und Glück«, sagte sie zum König. »Kommt, gehen wir heim!«

Und sie nahm Tadhg an eine Hand und den König an die andere, und alle gingen zum Palast. Und wer immer sie sah, bestaunte das Glückskind, denn seit den Tagen der Königin Etain, die aus der Welt der Unsterblichen gekommen war, hatte man in Erin nicht solche Schönheit gesehen. Und der König gab auch ihr den Namen Etain, und das ganze Volk sagte, er habe gut gewählt.

Nur Feier und Freude war der Tag, an dem sie einander Treue gelobten. Und Tadhg sagte später, die Sonne sei an diesem Morgen eine Stunde früher aufgegangen und am Abend eine Stunde länger am Himmel geblieben vor lauter Glück.

Nach-gedacht

Das Märchen erzählt vor allem von Männern, im Mittelpunkt stehen drei Hirten. Sie stellen drei Alter dar – denn Tadhg, der Narr, ist das ewige Kind –, drei Haltungen – gelassene Weisheit, zupackende Tatkraft und unbefangene Spontaneität –, drei verschiedene Blickrichtungen: Aidan erinnert die Vergangenheit, Osric nimmt die Gegenwart in Angriff, Tadhg hofft auf eine glückliche Zukunft. Doch obwohl die Handlung von Männern getragen wird, zähle ich das Märchen zu den Geschichten um »starke Frauen«. Denn alles dreht sich um das zunächst namenlose, dann vom Hochkönig als wieder erschienene Etain identifizierte Glückskind, sie ist die »Seele« der handelnden Männer. Ganz märchenuntypisch gelingen deren Beziehungen ohne Neid und Rivalität, nie wird der Weg zum Glück ernstlich gehemmt.

Mit dem Glückskind lernen die drei Hirten, was die mittelalterliche Spiritualität »Jungfräulichkeit« nannte, dass man (sein) Leben eben nicht »macht«, sondern bekommt wie ein Geschenk. Aber sie wissen auch – in der Bildersprache der mittelalterlichen Mystik ausgedrückt –, dass Jungfräulichkeit in Mutterschaft münden muss, dass man das geschenkte Leben annehmen, behüten, wachsen lassen muss. Ohne Rivalität tragen sie ihre Begabungen zusammen und bewahrheiten so die Worte der Seher, die das kommende Glück schon vorhergesagt haben, und gemeinsam gewinnen sie eine königliche Zukunft.

Drei Hirten, drei lebensbewahrende Haltungen. Vielleicht kann ich alle drei in mir entdecken, vielleicht muss ich mich verbinden mit Menschen, die mich ergänzen, um dem Glück ein kleines Haus zu bauen.

Die Reise
in die Anderswelt

Ein so häufiges wie typisches Thema keltischer Märchen und Sagen ist die Reise in die Anderswelt. Die ist nicht einfach eine Totenwelt, auch nicht nur ein fernes Wunderland, sie ist Utopie und die zum Greifen nahe andere Lebensmöglichkeit zugleich. Oft ist der Kontakt mit der Anderswelt eine Begegnung mit den starken Anderswelt-Frauen, jenen »Feen«, die niemals nett und niedlich sind, sondern »hoch« und schön, mächtig, faszinierend und erschreckend. Andere Geschichten erzählen die Reise in die Anderswelt als Reise zu sich selbst, an deren Ende man zwar heimkommt, aber anders, als man aufgebrochen ist.

Das Messer gegen die Welle

Schon in alten irischen Geschichten wird vom Königreich unter den Wellen erzählt, dessen Königin sich in einen Menschenmann verliebt und ihn zu sich ruft. Bis heute gibt es in Irland zahlreiche Varianten zu der folgenden Erzählung, die sich wieder überall, auch im Pub, erzählen lässt.
Zur Aussprache: Seimin Ruad = Schehmihn Ruha (roter Jimmy); Baile Mor = Boli Mohr.

Da lebte einst in Baile Mor ein stattlicher Mann, Seimin Ruad. Seimin war Fischer, hatte ein gutes Boot und eine tüchtige Mannschaft, und oft fuhren sie hinaus zu den Fischgründen in der Bucht von Donegal. Aber einmal gerieten sie in einen Wettersturz. Schlagartig wurde es dunkel, ein Sturm brach los, die See tobte, Wind und Wellen warfen das Boot hin und her, und ihnen drohte Schiffbruch und Untergang.

Seimin saß im Stern des Schiffes, festgezurrt im Ausguck, und starrte auf die tobende See. Da sieht er: Ein mächtiger Brecher kommt genau auf ihr Boot zu. Und Seimin zieht einen Schuh aus und schleudert ihn gegen die Welle, und die Welle weicht zurück und legt sich. Aber schon rollt eine zweite Riesenwelle heran, noch größer als die erste – Seimin zieht den anderen Schuh vom Fuß und schleudert ihn der Gefahr entgegen, und wieder beruhigt sich die See. Seimin atmet auf, da sieht er eine dritte Welle kommen, nein, keine Welle, eine Wasserwand, die scheint sich aufzutürmen bis zum Himmel, und Seimin denkt: Jetzt ist es aus. Dann aber packt er das große Ködermesser – das steckte in dem Sternsitz, wo Seimin saß – und er wirft es mit aller Kraft gegen die Welle. Und so wie sich das Messer ins Wasser bohrt, flaut der Sturm ab, die See wird ruhig und flach wie ein Brett.

So kamen sie heim, durchweicht bis auf die Knochen, sonst aber unversehrt. Am Strand bangten ihre Familien, die hatten bei dem Wetter kaum noch zu hoffen gewagt, Schiff und Mannschaft wiederzusehen. Kein Wunder, dass nun die Freude groß war. Und als das Boot an Land gezogen und der Fang aufgeteilt war, gingen alle nach Hause. Gut und schön.

Es war dunkel geworden, Seimin saß neben dem Herdfeuer, die Füße behaglich zur Wärme hin ausgestreckt, die Nachbarn waren gekommen, und Seimin erzählte von dem schweren Tag auf See.

Da klopft es an der Tür, eins der Kinder macht auf, draußen vor der Schwelle hält ein Reiter auf einem weißen Pferd. Ob Seimin da sei, fragt er, dann ruft er ihn an die Tür.

»Seimin«, sagt der Fremde, »ich wäre dir sehr verbunden, wenn du mitkommen würdest und das Messer wieder herausziehst, das du heute meiner Schwester ins Herz geworfen hast!«

Seimin erkennt gleich, was für einen er da vor sich hat. »Es fällt mir gar nicht ein, dieses Haus zu verlassen«, sagt er, »es sei denn, du versprichst mir feierlich, dass mir kein Leid angetan wird, mir nicht, und auch keinem aus meiner Familie, und keinem von meiner Mannschaft!«

»Das verspreche ich«, sagt der Fremde, »und ich verspreche auch, dass du morgen vor Tagesanbruch sicher und wohlbehalten wieder zu Hause sein wirst.«

Da tritt Seimin über die Schwelle hinaus und schwingt sich hinter dem fremden Reiter auf das weiße Pferd. Und dann jagen sie wie der Wind durch die Nacht – Seimin wusste später auch nicht zu sagen, welchen Weg sie genommen hatten, nur dass sie auch übers Meer geritten sein mussten, denn schließlich näherten sie sich von See her dem Roten Strand von Mullaghmore in Connacht.

Das Pferd preschte auf die Küste zu, über den Strand hinauf zu einem Hügel. Der Hügel öffnet sich vor ihnen, sie reiten hinein und kommen vor ein wunderbares Schloss. Der Fremde springt vom Pferd, er winkt Seimin, ihm zu folgen, und rasch, Seimin hat kaum Zeit, sich umzusehen, führt er ihn in das Schloss hinein und eine breite Treppe hinauf in ein großes Zimmer.

Dort liegt in einem prächtigen Bett ein Mädchen, seltsam schön mit großen Augen, aber totenblass. Sie stöhnt und schreit vor Schmerzen, denn in ihrer Brust, unter ihrem Herzen, steckt ein Ködermesser, Seimins Ködermesser, das er am Vortag gegen die Welle geschleudert hatte.

»Komm, komm her«, ruft das Mädchen, »zieh' dein Messer heraus!«

»Das will ich gern tun«, sagt Seimin, »aber erst musst du versprechen, dass du mir und den Meinen kein Leid antun wirst.«

»Das ist schon versprochen«, stöhnt sie, »zieh endlich das Messer heraus!«

Da tritt Seimin an das Bett und zieht ihr Messer aus der Brust, und gleich ist das Mädchen wieder geheilt.

»Eines möchte ich doch noch wissen«, sagt Seimin. »Warum hast du versucht, mich und meine Männer zu ertränken?«

»Ach, ich habe mich in dich verliebt«, sagt sie, »und ich wollte dich ganz für mich allein!«

»Und deshalb sollten all meine Männer mit mir untergehen?«

»Ja«, sagt sie, »alles, alles würde ich tun, um dich zu bekommen!«

»Na, nun bekommst du mich aber doch nicht«, sagt Seimin, »ich muss jetzt wieder heim.« Er dreht sich um, geht aus dem Zimmer, die Treppe hinunter. Vor dem Schloss wartet schon der Reiter auf dem weißen Pferd, Seimin sitzt hinter ihm auf, und dann geht's wie im Flug zurück bis zur Schwelle von Seimins Haus.

»Hab' Dank«, sagt der Fremde zum Abschied, »und lebe wohl!«

Dann war er verschwunden, und Seimin sah ihn nie wieder bis zu dem Tag, an dem er starb.

Nach-gedacht

Seit Urzeiten ist das Meer Sinn-Bild für die bedrohlichen, chaotischen, alles verschlingenden Lebenskräfte um uns und in uns – nur wer noch nie von eigenen Gefühlen überschwemmt wurde, wird das nicht nachvollziehen können. Und zumindest aus männlicher Sicht scheint diese Chaos-Flut ihrem Wesen nach weiblich, wie schon im uralten babylonischen Schöpfungsmythos Enuma Elish.

Dagegen steht Seimin, ein ganzer Mann und ganz von dieser Welt. Dreimal wehrt er die Flutwelle ab, erst mit seinen Schuhen, dann mit dem Messer. Wir müssen nicht den Hinter-Sinn dieser »Werkzeuge« ergründen, um der Geschichte folgen zu können, ja wir geraten mit solchem Nachfragen in die Gefahr der Überinterpretation. Barfüßigkeit war in der mittelalterlichen Malerei ein Sinn-Bild für Anteilnahme, Mitgefühl und Barmherzigkeit, weil der, der keine Schuhe trägt, die Erde spürt. Das Messer hingegen bedeutet offensichtlich den Schnitt, die Trennung und Unterscheidung.

Aber auch ohne solche Einzelüberlegungen ist die Logik der Geschichte klar. Seimin wird in die Anderswelt gerufen von einem fremden Reiter, der die Türschwelle des Hauses, die Schwelle zur Menschenwelt, nicht übertreten kann. Seimin soll das Messer herausziehen, wie in vielen keltischen Geschichten wird vorausgesetzt, dass die Jenseitigen, die Feen, die Bewohner der Anderswelt, kein Eisen anfassen können; Eisen ist ja ein unnatürlicher, vom Menschen geschmiedeter Stoff. Der Fremde gibt Seimin sein Wort, dass ihm nichts angetan wird, dann reiten sie durch die Nacht und übers Meer zum Feenschloss im Hügel.

In der Szene am Bett der Meeresfee wird noch einmal das alles ertränkende weibliche Begehren deutlich. Das ist gewiss keine objektive Beschreibung; wird die schlichte Projektion reflektiert, auf ihre Motive befragt, so werden auch wir Männer zugeben müssen, dass hier nicht die Frau und ihre Absicht beschrieben wird, sondern die geheimnisvolle Faszination, die mitunter von Frauen ausgeht, so dass Männer ihr ganzes bisheriges Leben untergehen lassen. Seimin freilich ist fest verwurzelt in seiner Welt und findet mühelos, ja kopfschüttelnd zurück. Und erst an seinem Todestag begegnet er wieder der Anderswelt – und ich denke, der Reiter auf dem weißen Pferd wird ihn freundlich abholen.

Condla Rotschopf
und die Frau im gläsernen Schiff

Die Geschichte von Condla Rotschopf war das erste keltische Märchen, das ich mir zu eigen machte. Es ist kein Volksmärchen, sondern ein Sagenmärchen aus der alten, bis tief ins Mittelalter zurückreichenden aristokratischen Erzähltradition. Die Mönche, die diese vorchristliche Geschichte aufgezeichnet haben, haben einige christliche Gedanken hineingeschrieben, so den Verweis auf das Jüngste Gericht und die Ankündigung der Ankunft Patricks durch die Fee, die so dem Heiligen näher stand als den dämonischen Druiden. Nach Condlas sagenhaftem Vater Conn ist übrigens die irische Provinz Connacht benannt.
Die Erzählung braucht eine ruhige Atmosphäre und Zuhörende, die auch auf die leisen Töne achten.
Zur Aussprache: Condla Ruad = connle ru;
Sidhe = Schieh (englisch: shee).

Viele Lieder aus alter Zeit besingen den König Conn Der Hundert Schlachten Schlug. Der war ein großer Krieger und Hochkönig über alle fünf Gaue von Erin. Doch einen Kampf hat König Conn verloren – gegen eine Frau in einem Schiff aus Glas, und davon will ich euch erzählen.

Zwei Söhne hatte König Conn: Der Ältere hieß Condla Ruad, Condla Rotschopf, und der Jüngere hieß Art, das heißt »der Bär«, und groß und stark wie ein Bär war er auch, und er hatte breite Schultern wie sein Vater. Condla aber war zart, und seine Schultern waren schmal, darum hieß er bei manchen nur Condla cam, Condla der Krüppel; doch andere nannten ihn Condla caim, Condla der Schöne, denn freundlich und liebenswert war sein Gesicht, und seine blauen Augen leuchteten hell.

Einmal war Condla mit seinem Vater auf den Höhen von Usna. Sie ritten mit ihren Männern dem Morgenrot entgegen, und Nebel lag wie ein Schleier über den Hügeln. Da sieht Condla vor sich eine wunderschöne Frau in einem fremdartigen Kleid wie aus wehenden Schleiern, die kommt auf ihn zu. Auch sein Pferd stand still, die anderen aber konnten die Frau nicht sehen.

»Wer bist du und wo kommst du her, Frau?«, fragte Condla.

Da sprach sie:

»Ich bin eine Sidhe
und komme aus dem Land des Lebens,
wo es weder Tod noch Sünde gibt
und niemand Unrecht tut.
Wir feiern dort den ganzen Tag,
ohne dass man aufträgt oder einschenkt.
Wir sind freundlich miteinander,
und wir kennen keinen Streit.
Man nennt uns: ›Die in den Hügeln wohnen‹,
und: ›Die von der Insel des Friedens‹.«

»Mit wem redest du denn da?«, fragte König Conn.

Condla sagte nichts darauf, doch der König hörte eine Stimme, und er wusste nicht, woher sie kam: »Er spricht mit einer schönen jungen Frau von edler Herkunft, auf die weder Tod noch Alter wartet. Ich habe mich verliebt in Condla Rotschopf und rufe ihn zu mir.«

Und dann war ein Singen in den Nebeln:

»O Condla, wie eine Krone
trägst du dein rotblondes Haar.
Ich seh' dich mit Lust, und ich liebe dich.
Komm, Condla mit dem schönen Nacken
und den Augen, die wie Kerzenflammen leuchten.
Komm mit mir in ein Land ohne Tränen.
Ich schenke dir, was deine Sehnsucht träumt:
Das Licht meines Leibes gebe ich dir.
Komm, und du bleibst jung und schön
bis zu dem Tag des Jüngsten Gerichts.«

Alle hörten, was die Sidhe da sang, doch nur Condla konnte sie auch sehen.

»Wo ist die Insel, von der du singst, auf der alle Sehnsucht sich erfüllt?«, fragte er. Und ihre Antwort klang hell und froh wie der Frühlingswind:

»Die Insel der Feen liegt weit im Meer.
Mein Vater, der edle Elfenkönig,
gab mir, seiner Tochter, das tanzende Schiff,
das Schiff aus Kristall, das funkelt und glänzt
und lachend sich wiegt auf den Wellen.
Es wartet am Strand und bringt uns rasch
übers brausende Wasser ins Feenreich!«

Da rief König Conn nach Corann, seinem Druiden: »Hilf mir, Corann, zauberkundiger Sänger. Hörst du nicht die Stimme des Verderbens?! Jeder Macht, die sichtbar ist, will ich entgegentreten. Doch Unsichtbares greift nach mir, eine Macht, die größer ist als mein Begreifen. Fremder Frauen Zauber raubt mir meinen Sohn. Du kennst die unsichtbaren Mächte, sing deinen stärksten Bannspruch gegen die Gefahr!«

Da sprang der Druide von seinem Pferd, er riss ein Büschel Gras aus der Erde, warf die Halme der Stimme entgegen und sang einen starken Zauber:

»Wie das Gras, der Erde entrissen,
vom Winde verweht, vom Feuer gefressen,
vergehe vorm Feuer meiner Augen,
verwehe vorm Atem meines Mundes,
versinke im Speichel meiner Zunge!«

Und als Corann die Verwünschung ausstieß, da brannten seine Augen. Dreimal stieß er den Atem aus, dann spie er auf die Erde. Und da hörte keiner mehr die Sidhe, und auch Condla sah sie jetzt nicht mehr.

Doch bevor sie ganz vertrieben war von Coranns mächtigem Gesang, warf die Sidhe dem Condla einen Apfel zu. Und von da an war er ganz versunken, sprach nicht, aß nicht, trank nicht, lebte nur von diesem Apfel. Und wie viel er auch von diesem Apfel aß, der Apfel nahm nicht ab und blieb ein ganzer Apfel. Und unvermindert wie der Apfel war auch Condlas Sehnsucht nach der Frau, die er allein gesehen hatte.

So war's einen Monat lang. Dann ging Condla durch die Ebene von Archommin zum Meer. Und sein Vater und sein Bruder Art, die gingen mit ihm – sie ließen ihn nicht mehr aus den Augen, aus Furcht, dass die Sidhe ihn doch noch entführen könnte. Und wie Condla zum Meeresufer kommt, sieht er auf den Wellen das gläserne Schiff, und darin die Sidhe, so schön und so lockend wie damals in den Nebeln von Usna. Und sie singt ihm zu über die Wasser:

»*Voll Sehnsucht schaust du aus nach mir,*
o Condla, dein Herz ruft nach mir.
Wisse, ich war dir immer nah,
und ich lass' dich nicht unter den Sterblichen.«

Conn Der Hundert Schlachten Schlug konnte die Sidhe nicht sehen, auch nicht ihr Schiff aus Glas, doch ihre Stimme, die erkannte er. »Lauf«, sagte er zu Art, »so schnell dich deine Füße tragen. Und hole Corann, den Druiden. Es geht um deines Bruders Leben – nur Coranns Zauber kann ihn jetzt noch retten!«

Da rief die Sidhe dem König zu:

»*Conn Der Hundert Schlachten Schlug,*
Vertrau' nicht zu sehr auf den Zauber der Druiden.
Bald kommt übers Meer ein gerechter Mann,
der wird an Erins Küste wunderbar das Recht aufrichten.
Dann beugst auch du dich unter sein Gesetz.
Er wird den Zauber der Druiden lösen,
und ausgelöscht wird, was sie lernten
von dem Schwarzen Zauberer, dem Teufel.
Doch heute schon schützt mich das gläserne Schiff
vor deiner Druiden Speichel und Fluch.
Dein schöner Sohn steigt heute in mein Boot,
er wird nicht König sein in Erin –
jenseits des Meeres wird er seine Krone tragen!«

Dann wandte sie sich Condla zu und sang:
»Auf hohem Throne sitzt du in Erin, Condla,
doch thronst du unter lauter Sterblichen.
Und jeden Tag lebst du dem Tod entgegen.
Das Leben aber, das unsterbliche, das lädt dich ein,
und aus dem Bann des Todes, der hier herrscht,
erlöst dich meine Liebe!«

König Conn fasste den Condla bei den Schultern: »Hat dir ihr Lied das Herz durchbohrt? Komm heim mit mir. Du bist einer von uns und wirst einmal König in Erin sein. Sei also ein Mann und widerstehe ihr!« Traurig sah Condla seinen Vater an: »Ach Vater, ich weiß nicht, wie mir ist. Ich liebe dich und unser Volk und Land und will euch nicht verlassen. Doch die Sehnsucht zieht mich fort, seit ich die Frau zum ersten Mal sah.«

Da hören sie zum letzten Mal die Stimme der Sidhe:
»Was kämpfst du, Condla, gegen die Sehnsucht an,
längst fliegt doch dein Sinnen über die See,
fort von Vater, Volk und Land.
Säume nicht, steig in mein Schiff aus Glas.
Ehe die Sonne versinkt im glühenden Meer,
hebt sich uns aus der Flut an des Himmels Rand
lächelnd und grüßend der Seligen Insel.
Rot flammen die Felsen im Abendlicht,
doch dämmriges Dunkel schwarzgrüner Bäume
lockt uns zur Rast in den raunenden Schatten.
Senkt sich dann silberblau die Nacht,
ruhst du, mit Blumen im Haar,
als König an meinem Herzen.«

Da riss Condla sich los und lief durch die Brandung zu ihr, weg von Vater, Volk und Land, und sprang in das gläserne Boot, und sie fuhren weit, weit übers Meer wie ein leuchtender Stern. König Conn sah ihnen nach, solange seine Augen noch folgen konnten. »Sie hat ihn gewonnen«, sagte er, »und ich, ich habe ihn verloren. Niemand weiß, wohin er geht, für uns ist er gestorben.« Und nie wieder hat man in Erin etwas von Condla gesehen.

Doch es wird auch erzählt, Tadhg MacCian sei auf einer Irrfahrt bis zur Insel der Feen gekommen und dort habe er Condla in den Armen einer wunderschönen Frau gesehen, und die beiden konnten ihre Augen nicht voneinander lassen.

Nach-gedacht

Rein äußerlich gibt es manche Übereinstimmung zwischen dem rothaarigen Fischer Seimin und dem ebenfalls rothaarigen Königssohn Condla: In beide verliebt sich eine Frau aus der Anderswelt, die hinter dem Meer zu Hause ist. Aber während für Seimin diese Frau nur Gefahr bedeutet, ist sie für Condla Herausforderung, Berufung, Glück. Das mag vor allem daran liegen, dass in den alten Geschichten – und die Erzählung von Condla mag im Kern mehr als tausend Jahre älter sein als die von Seimin – die Anderswelt noch nicht so fremd und dämonisch erscheint. Es liegt aber wohl auch daran, dass – anders als der handfeste Seimin – Condla auch schon »anders« ist, und die, die anders sind, haben eine besondere Nähe zur Anderswelt.

Und Condla, der sanfte zarte Sohn eines kriegerischen Vaters, ist anders, ist fremd in einer Welt starker Männer und breiter Schultern. Sein jüngerer Bruder Art, »Bär«, passt viel besser in diese Welt, er scheint der »rechte« Sohn zu sein. Aber anders als in vielen Volksmärchen wird Condla von seinem Vater als Kronprinz und Erbe akzeptiert, nirgends erhalten wir einen Hinweis, Conn habe seinen älteren Sohn nicht geliebt.

Und dann gerät Condla zwischen Nebel und Morgenrot an die Tür der Anderswelt, die wieder in weiblicher Gestalt begegnet. Diese Sidhe hat sich in Condla verliebt, aber sie will ihn nicht mit Gewalt gewinnen, sie lädt ihn ein, mit ihr zu kommen in das Land des Lebens. Der König und seine Männer hören wohl die Stimme, aber sie sehen nichts, haben keine Vision eines anderen Lebens. Darum ist diese Stimme aus der Anderswelt, diese Alternative zur Männerwelt der breiten Schultern, für sie auch nicht schön, sondern nur unheimlich und beängstigend.

Der Druidenfluch aber kann Condla und seine Sidhe nicht dauerhaft trennen. Condla reißt sich los von Vater, Volk und Land und läuft durch die Brandung zu ihr, fort aus der Männerwelt, er springt in das gläserne Boot und fährt mit ihr davon. Und nie wieder, so endet die Geschichte, hat man in Erin etwas von Condla gesehen.

Ist Condla verloren, oder hat er seinen Weg gefunden? Hat er seine Pflichten verraten, oder ist er sich treu geblieben, wenn er in die Anderswelt fährt, der Vision von einem anderen Leben folgt? Meine Sympathie gehört all den schmalschultrigen Condlas, den Träumern, die ihrem Traum folgen, wozu ein Mut gehört, den keine breite Schulter gibt.

Wir brauchen breite Schultern, um die Last des Lebens zu tragen. Aber ohne den Traum einer anderen Lebensmöglichkeit – und der wird für Männer sehr oft weibliche Züge haben –, ohne einen solchen Traum bleiben wir blind und beschränkt. Und mich freut, dass in der Sage von Tadgh MacCian erzählt wird, Condla habe sein Glück gefunden.

Wie König Cormac zu den Feen ging

*Die altirische Sage von König Cormacs Reise zu den
Feen wird erstmals im 11. Jahrhundert im Book of Leinster
erwähnt, Cormac ist der Enkel des sagenhaften Königs Conn
und der Neffe unseres Condla. Und wie die Geschichte von
Condla ist auch die von Cormac kein Volksmärchen, sie wurzelt wie viele alte irische Erzählungen in einer »aristokratischen« Lebenshaltung, sie erzählt, was es braucht, um ein
guter und weiser König zu sein. Weil aber jeder Mensch
berufen ist, ein König zu sein und das für ihn wichtigste
Reich, sich selbst, zu regieren und zu beherrschen, darum
spricht die Geschichte auch uns an.*

Das ist die Geschichte von König Cormac MacArt und warum er zu den Feen ging und was er dort sah und bekam.

Cormac war der Sohn von Art, den man »den Einsamen« nannte, und der Enkel von Conn, genannt Conn Der Hundert Schlachten Schlug. Und wie sein Vater und Großvater vor ihm war Cormac Hochkönig von Irland und hielt in Tara Hof.

Aber eines Tages sah Cormac einen fremden Jungen über die grüne Wiese gehen, der hielt in seiner Hand einen glitzernden Zweig, neun rote Äpfel hingen daran. Und dann schüttelte der Junge den Zweig, die Äpfel stießen aneinander, und da erklang eine Melodie, so süß und lieblich, nie hatte der König Schöneres vernommen. Und alle, die es hörten, Mann oder Frau, Jung oder Alt, Arm oder Reich, die lullte dieses Zauberlied ein. Ja, selbst wer schwer verwundet war an Leib oder Seele vergaß beim Klang der Äpfel allen Kummer und sank in sanften Schlummer.

Auch der König stand da und lauschte ganz verzückt, dann aber lief er dem Jungen nach. »Warte«, rief er, »gehört dieser Zauberzweig dir?«

Ja, meinte der Junge, das wäre seiner.

»Würdest du ihn mir verkaufen? Kein Preis soll mir zu hoch sein!« Der Junge lächelte.

»Ich will dir den Zweig wohl überlassen«, sagte er, »aber ich feilsche nicht. Versprich, mir zu geben, was immer ich verlange – und der Zweig gehört dir!«

»Gut, gut!«, rief der König, »es ist dir versprochen.«

Da reichte ihm der Junge den Zweig. »Dafür«, sagte er, »verlange ich deine Frau und deine Tochter und deinen Sohn!«

Cormac erschrak, als er das hörte, an einen solchen Preis hatte er nicht gedacht, und ihm war, als würde sein Herz zerbrechen. Aber er hatte sein Wort gegeben. Tief betrübt rief er seine Frau und seine Kinder. »Ich liebe euch sehr,« sagte er. »Doch jetzt müssen wir voneinander Abschied nehmen, und dann werdet ihr mich verlassen. Denn ohne zu wissen, was ich da tat, habe ich diesem Jungen versprochen, was immer er verlangen sollte. Und nun will er von euch, dass ihr mit ihm fortgeht!«

Da brachen seine Lieben in Tränen aus, sie wollten nicht fort. Cormac aber schüttelte den Zauberzweig, die Äpfel stießen aneinander, und als das liebliche Lied erklang, da vergaßen die Weinenden ihren Schmerz und gingen wie im Traum mit dem fremden Jungen davon über die grüne Wiese. Nebel kam auf, hüllte sie ein, und sie waren nicht mehr zu sehen.

Als sich die Kunde davon in Erin verbreitete, da war das Land erfüllt von Klagen und Flüchen. Aber der König ging umher und schüttelte den Zauberzweig, da wichen Trauer und Zorn.

So verging ein Jahr, dann aber legte Cormac den Zauberzweig beiseite und sagte sich: »Ein Jahr ist es her, dass ich meine Liebsten verloren habe. Nun will ich nicht länger ohne sie leben. Heute werde ich ihnen folgen, ich werde den gleichen Weg gehen, den auch sie gegangen sind!« Und still und heimlich verließ der König das Schloss von Tara, sagen die einen, andere erzählen, er sei an der Spitze eines großen Heeres aufgebrochen. Aber wie es auch gewesen sein mag, als Cormac über den Wiesenpfad ging, den der fremde Junge gegangen war, da stiegen aus den Wiesen dunkle

Nebelschwaden auf, die hüllten ihn ein, und da war er allein, und er konnte auch nicht mehr erkennen, wohin der Weg ihn führte. Aber der König ging unbeirrt weiter, und dann lichtete sich der Nebel, und er fand sich auf einer weiten wunderschönen Ebene wieder.

Dort sah er viele stolze Reiter, die versuchten, das Dach eines Hauses zu decken, aber nicht mit Stroh, sondern mit den Federn fremdartiger Vögel. Darum jagten die Reiter hin und her und haschten im Wind nach den Federn. Und hatten sie endlich eine Hand voll zusammengeklaubt, so ritten sie zu dem Haus zurück und legten die Federn aufs Dach. Und dann jagten sie gleich wieder los, um mehr Federn zu fangen. Doch wenn sie zurückkamen, war nichts mehr auf dem Dach, waren längst alle Federn wieder vom Wind verweht. Cormac besah sich eine Weile, was sie da trieben, dann ging er kopfschüttelnd weiter.

Nun kam er zu einem Burschen, der schleppte totes Holz herbei, einen ganzen Baumstamm, dann machte er Feuer. Und als es brannte, lief der Bursche gleich wieder los, um mehr Feuerholz zu suchen; doch immer, wenn er zurückkam, war das Holz längst verbrannt und das Feuer erloschen, und alles fing von vorne an. Und Cormac dachte, dass diese Arbeit wohl niemals enden würde.

Weiter ging seine Reise, endlich sah er am Rand der Ebene drei seltsame Brunnen: drei mächtige Brunnenschalen und über jeder ein riesiger Kopf aus Stein mit offenem Mund. Der König ging näher heran, nun sah er, wie sich die drei Brunnen unterschieden. Beim ersten Brunnen sprang aus der Schale ein kräftiger Wasserstrahl in den Mund des Kopfes – und ein gleich großer Wasserstrahl kam wieder heraus. Beim zweiten Brunnen strömten drei Bäche aus dem Mund des Steinkopfs in die Schale, aber nichts floss aus der Schale zurück. Und beim dritten Brunnen sprudelten viele Wasserstrahlen aus der Schale in den Mund, doch nur ein kümmerliches Rinnsal tropfte wieder heraus. Cormac wunderte sich. »Ich weiß nicht, was ihr bedeuten sollt«, sagte er dann zu den Steinköpfen, »und hier ist wohl auch niemand, der mir eure Geschichte erzählen kann.«

Damit ging er weiter und kam zu einem Haus mitten in der Ebene. Er ging hinein, drinnen saßen ein Mann und eine Frau, beide waren hoch gewachsen und ihre Kleider leuchteten in allen Farben wie Narrenkleider. Cormac grüßte höflich, das Paar erwiderte seinen Gruß und hieß ihn willkommen für die Nacht. Dann sagte die Frau ihrem Mann, er solle etwas zu essen besorgen. Der stand auf, ging hinaus und kam bald wieder herein, auf dem Rücken trug er einen riesigen Eber, geschlachtet und ausgenommen, und in der Hand einen mächtigen Holzklotz. Er warf das Schwein und den Klotz auf den Boden: »Da ist Fleisch«, sagte er zum König. »Kochen musst du es schon selbst!«

»Ja, wie soll ich das denn machen?«, fragte Cormac.

»Das kann ich dir wohl beibringen«, sagte der Mann. »Spalte den Klotz in vier Teile und vierteile auch das Schwein, lege unter jedes Schweineviertel ein Stück Holz und dann erzähle eine wahre Geschichte – und das Fleisch ist gar!«

Also spaltete Cormac den Holzklotz, zerteilte das Schwein und legte ein Scheit unter jedes Schweineviertel. »Erzähl du doch die erste Geschichte«, sagte er dann zu dem Hausherrn.

»Gut«, sagte der. »Ich habe sieben solcher Schweine, und mit diesen sieben Schweinen könnte ich die ganze Welt ernähren. Denn hab' ich eins der Schweine geschlachtet, so muss ich nur seine Knochen über Nacht in den Schweinekoben werfen, und am nächsten Morgen ist das Schwein wieder lebendig, fett und prall.«

Die Geschichte war wahr, und das erste Schweineviertel gar.

Nun bat Cormac die Frau, eine Geschichte zu erzählen. »Ich habe sieben weiße Kühe«, sagte die, »die geben jeden Tag sieben Kessel Milch. Und du kannst mir glauben: Kämen alle Menschen aus deiner Welt auf unsere Ebene, die Milch meiner Kühe reichte aus, ihren Durst zu stillen!«

Auch die Geschichte war wahr, und auch das zweite Schweineviertel gar.

Nun aber war Cormac an der Reihe mit einer wahren Geschichte für sein Viertel Schwein, und da erzählte er von seiner

Suche nach Frau, Tochter und Sohn, die er vor einem Jahr verloren hatte an den Jungen mit dem Zauberzweig.

»Wenn das wahr ist, was du erzählst«, sagte der Hausherr, »so musst du Cormac sein, der Sohn von Art dem Einsamen und Enkel von Conn Der Hundert Schlachten Schlug.«

»Ja, genau der bin ich«, sagte Cormac.

Und da war auch das dritte Schweineviertel gar, denn seine Geschichte war ja wahr.

»Nun iss aber auch!«, sagte der Hausherr.

»Es wird mir nicht schmecken«, sagte Cormac, »ich habe noch nie mit nur zwei Tischgenossen gegessen.«

»Würde es dir denn besser schmecken, wenn noch drei andere Gäste kämen?«

»Das kommt auf die Gäste an«, sagte Cormac, »wenn sie mir lieb wären, dann ja.«

Da ging die Tür auf, und herein kamen seine Frau, seine Tochter und sein Sohn. Cormac sprang auf und drückte sie an sein Herz, und sie hielten einander so fest, als ob sie sich nie wieder loslassen wollten.

Da warf der Hausherr sein buntes Kleid ab und zeigte sich in seiner wahren Gestalt, und Cormac erkannte: Es war Mananan MacLir, der Herr des Feenreiches. »Ich war es, Cormac, der dir den Zauberzweig gab und diese drei genommen hat«, sagte der Feenkönig, »und das habe ich getan, damit du ihnen folgst und den Weg hierher findest zu mir. Und nun setzt euch, esst und trinkt.«

»Das werden wir«, sagte Cormac, »doch verrate mir erst noch, was das für Wunder waren, die ich auf meinem Weg hierher gesehen habe.«

»Nun gut,« sagte Mananan MacLir, »ich will dich lehren, auf was diese Wunder weisen. Die stolzen Reiter, die ihr Haus mit Federn decken, sind Menschen, die in deiner Welt stets auf der Jagd nach Glück und Ruhm und Reichtum sind. Sie hetzen hin und her, solange sie leben, und klauben Federn zusammen, aber nie bekommen sie genug, und wenn sie heimkommen, ist ihr Haus nackt und leer, und es weht sie davon.

Der Bursche, der Baumstämme zum Feuer schleppt, ist einer, der immer nur für Fremde arbeitet und niemals etwas Eigenes schafft. Er schuftet und schuftet und schürt das Feuer, doch ihm selber wird niemals warm dabei.

Und schließlich die drei Brunnenköpfe: So wie sie seid ihr Menschen. Manche sind wie der erste Kopf, sie teilen gerade so freigebig aus, wie sie selbst bekommen haben. Einige sind wie der zweite Kopf, sie schenken reichlich, auch wenn sie wenig erhalten. Und wieder andere sind wie der dritte Kopf, vieles fließt ihnen zu, doch geben sie selbst nur wenig – und das, Cormac, das sind die Schlimmsten!«

Und dann setzten sich Cormac, seine Frau und seine Kinder, und Mananan MacLir breitete ein Tischtuch vor ihnen aus. »Das ist ein ganz besonderes Tuch«, sagte er. »Was immer ihr zu essen wünscht, mag es auch noch so ausgefallen sein, wird im Handumdrehen auf diesem Tuch erscheinen.«

»Das ist wirklich gut«, sagte Cormac.

Da zog der Feenkönig einen Kelch aus seinem Gürtel und stellte ihn auf seine Hand. »Auch dieser Kelch ist ein Wunder«, sagte er, »wird an dem Tisch, auf dem er steht, eine Lüge erzählt, so zerspringt der Kelch in vier Teile. Doch wird die Wahrheit gesprochen, so fügt sich der Kelch wieder zusammen.«

»Da besitzt du große Kostbarkeiten, Herr des Feenreiches«, sagte Cormac.

»Jetzt sollen sie alle dir gehören«, sagte Mananan, »der Kelch, das Tischtuch und der Zauberzweig!«

Und dann aßen sie miteinander, und was war das für ein Festmahl. Kaum dachten sie an einen Leckerbissen, da stand er schon vor ihnen auf dem Tisch, und was immer sie trinken mochten, das spendete ihnen der Kelch. Und Cormac dankte dem Feenkönig für seine Gastfreundschaft, für die Geschenke und für das Wiedersehen mit seinen Lieben. Als sie mehr als genug gegessen und getrunken hatten, wurde ihnen ein Lager bereitet, sie legten sich nieder, ganz nah beieinander, schlummerten glücklich ein und schliefen fest und friedlich bis zum Morgen. Und als die Sonne aufging, da erwachten sie in Tara, am Hof des Königs, und neben dem Bett lagen der Kelch und das Tischtuch und der glitzernde Zweig.

Ja, das ist die Geschichte von der Reise König Cormacs zu den Feen und wie er dort seine Lieben wieder fand und Zauberdinge gewann und Weisheit.

Nach-gedacht

Am Anfang verspielt Cormac seine Lieben, weil er wie süchtig ist nach dem süßen Klang des Zauberzweiges. Aber nach einem Jahr ist der Schmerz der Erinnerung stärker als das betäubende Glücksgefühl, und Cormac geht seinen Lieben nach in die Anderswelt, ein Weg, den er – gewollt oder ungewollt – allein gehen muss. Er kommt an ein Haus, das stolze Reiter mit Federn decken, nach denen sie im Wind haschen, doch die Federn sind schneller verweht als gefangen. Auch die Gefahr des völlig entfremdeten Lebens begegnet dem König und die Frage nach dem rechten Maß, wobei Ausgewogenheit und Großzügigkeit nicht bewertet werden, Geiz aber als die schlimmste Haltung verurteilt wird.

Dann gelangt Cormac, ohne es zu wissen, in das Haus des Feenkönigs. Hier erfährt er die Macht einer wahren Geschichte, die Macht der Wahrheit, die das, was wir zum Leben brauchen, erst gar und genießbar macht. Und als er seine Wahrheit erzählt, seinen Verlust und Schmerz, da treten die vermissten Lieben wieder ein. Der Verlust wurde ihm vom Feenkönig nur deshalb zugemutet, damit Cormac den Weg in die Anderswelt findet, um hier mit dem beschenkt zu werden, was das Leben ausmacht: mit einem frühen Vorläufer des »Tischlein deck dich« und mit einem Kelch, der die Wahrheit misst. Und als der König wieder erwacht und zu sich kommt, ist er daheim in seinem alten Leben, aber seine Lieben hat er wieder gefunden; und dazu drei Gaben, drei Begabungen, die ein König braucht, um seinem Volk gerecht zu werden: Er kann den Hunger stillen, er kann die Wahrheit erkennen, und er kann Freude schenken.

Anders als Condla bleibt Cormac nicht in der Anderswelt, er kommt zurück. Auf dem schmerzhaften Weg in die Anderswelt ist er zu sich gekommen, und so darf und kann er reich beschenkt heimkehren in die Alltagswelt, wie aus einem Traum erwacht!

Die Reise von Maelduins Boot

*Das altirische Sagenmärchen »Immram curaig Maelle Duin«,
die Reise von Maelduins Boot, ist eine keltische Odyssee aus
dem frühen Mittelalter und die längste Geschichte dieses
Buches. Sie handelt von einer Seereise, die unfreiwillig in
die Anderswelt führt. Drei Tage treibt ein Sturm
Maelduin nach Westen – doch die Rückreise in die
vertraute Welt dauert drei Jahre, und Maelduin
findet endlich nicht nur heim, sondern auch zu
sich selbst – wie Odysseus.
Die Geschichte ist eigentlich eine Kette vieler kleinerer
Episoden, Maelduin reist von Insel zu Insel und erlebt
dabei unterschiedliche Abenteuer. Ich habe aus mehreren mir
vorliegenden Fassungen (vor allem nach Erich Ackermann,
Ernst Tegethoff und Sylvia und Paul F. Botheroyd) eine
erzählbare Geschichte »komponiert«, wobei der rote Faden
und alle Bilder und Motive alt sind.
Weil diese Reise von Insel zu Insel sinnvoll unterteilt
werden kann, darum lässt sich diese sehr lange Geschichte
doch gut vortragen – ich habe sie auch schon über mehrere
Tage verteilt erzählt. Vorschläge für ein Innehalten, bei
dem man sich das Gehörte noch einmal durch den Kopf
gehen lässt und Vermutungen über den Fortgang
austauscht, sind wieder durch ein ❦ gekennzeichnet.
Hinweise zur Aussprache: Maelduin = Mejlduhn (wie das
englische male doon), German = Dscharon; Diuran = Djuron.*

Das ist die Geschichte von Maelduin, der die ihm vertraute Welt verließ und hinausfuhr in Wundermeere zu Inseln voller Zauber, gefährlich und schön, und der, als er zurückkam, in der Welt der Menschen nicht geringere Wunder fand.

Maelduin war das Kind einer Nonne, der Vorsteherin eines Frauenklosters. Die hielt aber ihre Schwangerschaft geheim und gab das Neugeborene zur Königin jenes Landes, die ihre Freundin war. So wuchs Maelduin mit den drei Söhnen des Königs auf, an einer Brust und in einer Wiege, als wäre er ihr Bruder. Doch als er älter wurde und stärker und gewandter als seine Ziehbrüder, da waren die, obwohl sie Maelduin liebten, neidisch auf ihn, und als er sie wieder einmal beim Spiel besiegt hatte, rief einer, halb im Spaß und halb im Ernst: »Es ist doch eine Schande, dass wir nicht fertig werden mit einem Burschen, der weder Vater noch Mutter kennt!«

Und da erst wurde Maelduin gewahr, dass er kein Kind des Königs war; er ging zur Königin und sagte: »Ich esse keinen Bissen mehr, bis ich meine wahre Herkunft kenne!« Was blieb der Königin da übrig, sie brachte Maelduin zum Kloster seiner Mutter, aber die wollte nicht verraten, wer sein Vater sei: »Das zu wissen wird dir weder Freude noch Nutzen bringen«, meinte sie.

»Nun, ich bleibe jedenfalls so lange an der Klosterpforte stehen«, sagte Maleduin, »bis ich den Namen meines Vaters kenne!«

Und schließlich erzählte die Mutter, sein Vater habe Allil geheißen, sei ein Fürst aus der Sippe Owen von der Westküste gewesen und ein gefürchteter Seeräuber. Der habe ihr auf einem Raubzug Gewalt angetan, nur darum sei Maelduin geboren; aber schon vor seiner Geburt sei Allil gestorben.

Da zog Maelduin zur Sippe seines Vaters, und seine Ziehbrüder kamen mit, denn sie mochten sich nicht von ihm trennen. Und die Sippe Allils nahm den jungen Blutsverwandten und seine Freunde gut auf.

Doch einmal war Maelduin mit ein paar jungen Burschen bei der Ruine der Kirche von Dooclone, sie warfen Steine über die geschwärzten Mauern – und keiner warf so hoch und weit wie Maelduin. Da sagte einer, Bricrin war sein Name, und er wurde nur Bricrin mit der bösen Zunge genannt: »Wär' es nicht besser, du würdest deinen Vater, der hier umkam, rächen, als dass du Steine über seine verbrannten Gebeine wirfst?«

»Wovon redest du denn da?«, fragte Maelduin, und da erzählte Bricrin, Allil der Pirat sei einst vor Seeräubern, die die Küste überfielen, in diese Kirche geflüchtet, doch die fremden Plünderer hätten das Gotteshaus über Allil angesteckt und ihn darin verbrannt.

Da ließ Maelduin den Stein, den er noch in der Hand hielt, fallen, schlug den Mantel um sich, warf seinen Schild auf die Schulter und machte sich auf, den Vater zu rächen. Zuerst aber ging er zu einem weisen Druiden und bat ihn um seinen Rat.

»Du wirst dein Ziel nur übers Meer erreichen«, sagte der, »also bau ein großes Boot aus Eichensparren, dreifach mit Ochsenhaut bespannt, und an Bord müssen siebzehn Männer sein, keiner mehr, keiner weniger. Dann kann dein Vorhaben gelingen!« Und der Druide sagte auch, an welchem Tag genau Maelduin aufbrechen sollte.

Nun baute Maelduin das Boot und wählte sechzehn Gefährten aus, darunter seine Freunde Diuran und German. Und am vorbestimmten Tag schoben sie das rot gestrichene Schiff vom Kieselstrand ins Wasser und hissten das vielfarbige Segel.

Da kamen Maelduins Ziehbrüder angelaufen, sie winkten und riefen, er solle zurückkommen und sie mitnehmen auf die Fahrt. »Wir sind schon siebzehn«, rief Maelduin zurück, »mehr dürfen nicht mit. Kehrt heim, ihr würdet uns nur Unglück bringen!«

Aber die Ziehbrüder stürzten sich ins Meer und schwammen ihm nach, und Maelduin brachte es nicht übers Herz, sie ertrinken zu lassen und zog sie an Bord.

So segelten sie los, einen Tag, eine Nacht, noch einen Tag, und in der Mitte der zweiten Nacht sah Maelduin vor sich die Umrisse zweier Inseln, klein und kahl, und am Strand der einen Insel zwei große Häuser. Raues Gelächter wehte zu ihnen herüber und trunkenes Gegröle, und als sie ans Ufer ruderten, konnten sie hören, dass dort Seeräuber feierten und mit ihren Taten prahlten. Und der

Häuptling rief: »Ich habe vor Jahren die Kirche von Dooclone angesteckt, über dem Kopf von Allil dem Piraten, dem Schrecken der Meere, und bis heute hat keiner aus seiner Sippe gewagt, ihn zu rächen!«

Hasserfüllt hob Maelduin seinen Speer und wollte aus dem Boot auf den Strand springen – da schlug das Wetter um. Schwarze Sturmwolken verdunkelten die Sterne, der Wind schwoll an und drehte sich, Wellen wie Fäuste packten das Boot, wirbelten es herum und warfen es wieder aufs Meer.

»Schnell, holt das Segel herunter«, rief Maelduin, »und zieht die Ruder ein. Soll der Sturm uns treiben, wohin Gott will!« So trieben sie durch die Dunkelheit nach Westen, einen Tag, zwei Tage, erst am dritten Tag legte sich der Sturm. Ringsum dehnte sich eine unbekannte glasige See, da und dort sahen sie verstreute Inseln aus dem Wasser ragen wie die Buckel auftauchender Wale.

»Dieses Unglück ist über uns gekommen«, sagte Maelduin zu seinen Ziehbrüdern, »weil ich euch ins Boot genommen und so die Weisung des Druiden übertreten habe.« Dann aber ließ er den Rudergänger eine der Inseln ansteuern.

Sie fuhren in eine tiefe Bucht zwischen steilen Klippen, und oben auf den Klippen standen schwarze Steine wie reglose Gestalten. Kaum aber hatte sich der Kiel des Bootes knirschend auf den Strand geschoben, da setzten sich die Steine in Bewegung und schwärmten die Klippen hinab, lautlos und unheimlich schnell. Und die Männer sahen: Es waren Ameisen, aber groß wie Fohlen. Ihre Fühler witterten im Wind, und ihre riesigen Zangen knackten. »Nur fort«, rief Maelduin, und sie schafften es gerade noch, ihr Boot wieder ins Wasser zu schieben.

Tagelang ruderten sie weiter über die windstille See, gequält von Hunger und Durst und von der sengenden Sonne. Salz brannte ihnen in Augen, Mund und Nase. Auf den Inseln, an denen sie wie im Traum vorüberfuhren, hausten sonderbare Schreckgestalten. Sie sahen riesige Pferde, die wie von Dämonen gehetzt um die Wette liefen und sich das Fell in blutigen Streifen vom Leib herunterrissen, sie sahen ein großes Tier, das drehte sich beständig in seiner eigenen Haut herum, und ein menschenfressendes Ungeheuer, halb Pferd und halb Hund.

Um eine Insel wirbelten gelbliche Dämpfe, weil aber dort viele Apfelbäume wuchsen, gingen sie doch an Land. Der Boden unter ihren Füßen war heiß und zernarbt durch Erdlöcher, aus denen Flammen schlugen. Und zwischen den Bäumen lauerten scharlachrote Säue, die die Äpfel fraßen und von innen wie Feuer glühten. Die Männer pflückten rasch so viele Äpfel, wie sie tragen konnten, dann flohen sie zurück aufs Schiff.

Auf einer unbewohnten Insel fanden sie ein Haus mit prächtigen Betten, darin ruhten sie sich aus, und durch einen Schlitz in der Steintür trugen die grün und weiß gesprenkelten Wellen ständig frische Lachse zu ihnen herein.

Weiter ging ihre Reise, vorbei an einem kleinen Eiland, auf dem stand nur ein einziger Baum, dürr und kahl. Maelduin brach im Vorüberfahren einen Zweig ab, der klebte drei Tage an seiner Hand, und drei Tage ruderten sie immer im Kreis um die kleine Insel herum und kamen nicht los. Am dritten Tag aber trug der Zweig drei Äpfel, von denen konnte die ganze Mannschaft vierzig Tage leben!

Dann flogen große Schwärme seltsamer Vögel mit Menschenstimmen über sie hinweg, denen folgten sie bis zu einer Felseninsel, die steil aus dem Meer aufragte. Vor ihnen erhob sich eine hohe Mauer bis an die Wolken, blendend weiß, ohne Riss und ohne Flecken, als sei sie ganz aus Kalkstein gehauen. Aber das Tor stand offen, sie gingen hindurch und sahen eine Reihe schöner großer Häuser, alle so weiß wie die Außenmauer. »Wir kommen in Frieden und bitten um Gastfreundschaft!«, rief Maelduin, niemand gab Antwort. Da gingen die Gefährten in das größte der Häuser, gingen durch alle Zimmer bis in den luftigen Innenhof. Kein Mensch war zu sehen, und doch war ihnen, als würden sie erwartet.

An den Mauern, die den Hof umschlossen, hingen fremdartige Kostbarkeiten, kunstvoll geschmiedete Broschen, goldene Halsringe und Schwerter mit edelsteingeschmücktem Griff, und mitten im Hof war ein großer Tisch gedeckt mit frischem Brot und geräuchertem Fleisch und Trinkhörnern voll schäumendem Bier. Rings um den Tisch standen vier mächtige weiße Säulen im Kreis, auf einer der Säulen saß eine kleine weiße Katze. »Ist dieser Tisch für uns gedeckt?«, fragte Maelduin. Die Katze sah ihn an mit runden Augen, ohne zu blinzeln, dann sprang sie wie im Spiel von einer Säule zur anderen, immer im Kreis. Da setzten sich die Männer, aßen und tranken nach Herzenslust, und dann legten sie sich zum Schlafen in den Schatten der Mauer. Und die Katze sprang die ganze Zeit im Kreis herum, von Säule zu Säule.

Ausgeruht brachen sie auf, und was von Bier und Brot noch übrig war, das packten sie ein. »Sollen wir nicht auch die Schätze mitnehmen?«, fragte Maelduins ältester Ziehbruder. »Auf keinen Fall«, sagte Maelduin, »rühr nichts an, wir sind hier nur zu Gast. Und gewiss ist dieses Haus nicht ohne Hüter!«

Doch als Maelduin nicht hinsah, nahm der Ziehbruder einen von den goldenen Halsringen von der Wand und steckte ihn ein. Da sprang die Katze fauchend von ihrer Säule, pfeilschnell schoss sie auf ihn zu und fuhr durch ihn hindurch wie ein feuriger Blitz. Für einen Augenblick stand er da als lebende Fackel, dann fiel er in sich zusammen, verbrannt zu einer Hand voll Asche. Die Katze aber sprang zurück auf die Säule und blieb unbewegt sitzen.

Die Gefährten waren starr vor Schreck. Endlich hob Maelduin den Halsring auf, ganz langsam und mit ausgestrecktem Arm, und brachte ihn zurück an seinen Platz; dabei redete er begütigend auf die Katze ein: »Vergebt uns«, sagte er, »und habt Dank für Eure Gastfreundschaft.« Und dann sammelte er, ohne die Katze aus den Augen zu lassen, die Asche des Toten in seinen Mantel und eilte mit seinen Männern zurück zum Boot. Sie fuhren hinaus aufs offene Meer, dort streute Maelduin die Asche in die See, und sie weinten und klagten um den verlorenen Bruder und dankten Gott, dass sie davongekommen waren.

Weiter führte ihre Irrfahrt zu einer Insel, die war durch eine eiserne Mauer geteilt; schwarze Schafe weideten auf der einen Seite, weiße auf der anderen, und ein großer Hirt sonderte die Tiere: Warf er ein weißes über die Mauer auf die andere Seite, so wurde es schwarz, trug er ein schwarzes hinüber, war es gleich weiß wie Schnee. Maelduin warf ein verkohltes Holzstück auf die eine Seite, es wurde weiß, und einen abgeschälten Zweig auf die andere, der wurde schwarz. Da wussten sie, dass sie diese Insel nicht betreten durften, und ruderten eilig weiter.

Auf der nächsten Insel weideten fette Ochsen und noch größere Kühe, und ein Fluss trennte die Tiere. Als Maelduin dessen Tiefe mit einem Speer ausloten wollten, da verbrannte der hölzerne Schaft, denn der Fluss war aus flüssigem Feuer.

Sie segelten vorbei an einem Felsen, um den die See tobte und kochte, und ein Riese stand auf den Klippen und brüllte, er sei der Große Müller und halte die Höllenmühle in Gang, wo alles Korn gemahlen werde, das die Menschen einander stehlen oder missgönnen.

Dann kamen sie zu einer stillen grünen Insel, wo Eiben und Weiden wuchsen. Zwischen den Bäumen gingen schwarz gekleidete Menschen umher mit Kapuzen über hängenden Köpfen, und ihr Klagen und Seufzen war bis zum Boot zu hören. Die Gefährten warfen das Los, wer diese Insel erkunden sollte, es traf Maelduins zweiten Ziehbruder. Kaum war der an Land gesprungen, da kam eine Frau auf ihn zu und umarmte ihn. Und der junge Mann fing an zu zittern, seine Haut und seine Kleider färbten sich schwarz, er schien zu schrumpfen, ließ Kopf und Schultern sinken und ging mit der Frau fort.

»Wir müssen ihm nach«, rief Maelduin, »aber sprecht nicht mit den Schwarzen, seht ihnen nicht in die Augen, lasst euch nicht von ihnen berühren!« Doch es war schon zu spät, sie konnten den Bruder nicht mehr herausfinden, er blieb auf der Insel zurück.

Nun landeten sie an einer Steilküste, hoch oben stand eine Festung, eine gläserne Brücke führte hinauf. Bei Sonnenaufgang kam ein Mädchen, hoch und schlank mit großen Augen, hinunter zum Strand, um Wasser zu schöpfen. Doch sie beachtete die Männer gar nicht, und wenn einer ihr nachkommen wollte, so warf sie ihn von der Brücke ins Meer. Am nächsten Morgen war es genauso, doch am dritten Tag sprach sie die Gefährten an und kannte sie alle mit Namen. Sie gab ihnen etwas zu essen, das sah aus wie Käse, doch für jeden schmeckte es nach dem, was er am liebsten mochte. Und seltsames Bier gab das Mädchen ihnen, jedem nur einen kleinen Schluck, da versanken sie in tiefen Schlaf und süße Träume – und erst nach drei Tagen erwachten sie wieder in ihrem Boot, das über die Wellen trieb.

Das Meer wurde nun immer dünner und durchsichtiger; erst war es wie grünes Glas, dann wie ein Seidentuch, endlich nur noch wie ein Nebelschleier – es konnte das Boot kaum noch tragen. Unter den Wellen sahen sie fröhliche Menschen und ein gesegnetes Land, dichte Wälder und fette Wiesen mit prächtigem Vieh.

Aber aus den Wäldern stürzte sich ein schreckliches Ungeheuer auf eine Herde Ochsen und verschlang den größten von ihnen im Handumdrehen. Da ruderten sie weiter, so schnell sie konnten, denn sie fürchteten, hinabzustürzen in das Land unter dem Nebelmeer.

Über einer anderen Insel floss – wie ein leuchtender Regenbogen oder ein gewaltiger Springbrunnen – ein Strom durch die Luft. Sie gingen darunter her, ohne nass zu werden, aber große Lachse fielen aus dem Wasser zu ihnen herab.

Eines nachts, als der Mond silberne Streifen durchs Wasser zog und die Sterne ihnen aus der See entgegenfunkelten, sahen sie in der Ferne einen schimmernden Turm, er ragte so hoch aus dem Wasser, dass seine Spitze nicht zu sehen war. Und als sie näher kamen, erkannten sie: Der Turm war aus reinem Silber, und ringsum war die sich sanft kräuselnde See bedeckt mit einem feinen silbernen Netz, und ihr Boot glitt über die funkelnden Maschen. Diuran stieß seinen Speer in das Netz und riss einen Fetzen heraus – den brachte er nach ihrer Heimkehr in die Kirche von Armagh.

Nun landeten sie auf einer großen Insel, die war flach bis auf einen Berg in der Mitte, der mit Heidekraut bewachsen war. Am Ufer stand ein prächtiges Schloss, dessen Mauern waren verziert mit Edelsteinen und kunstvollen Schnitzereien. Durchs offene Tor sahen sie im Schlosshof siebzehn schöne junge Frauen, die ein Bad einließen. »Ich wette, dieses Bad wird für uns bereitet«, rief Maelduin gut gelaunt, dann setzten sie sich auf eine Rasenbank vor dem Schloss und warteten ab, ob sie wohl eingeladen würden.

Gegen Abend jagte ein Reiter heran auf einem prächtigen Ross, ein blaues Tuch war um seinen Kopf geschlungen, sein Mantel war purpurrot, er trug keine Stiefel, sondern Sandalen, an denen Edelsteine funkelten. Im Schlosshof brachte er sein Pferd zum Stehen und warf einem der Mädchen die Zügel zu, ein anderes nahm seinen Umhang, ein drittes löste die Sandalen. Dann stieg der stolze Reiter ins Bad, und die Männer sahen: Es war eine Frau, noch schöner als jede der siebzehn Mädchen.

Als ihre Herrin aus dem Bad gestiegen war, kam eines der Mädchen hinaus zu den Gefährten und bat sie ins Schloss. Auch die Männer nahmen erst ein Bad, dann traten sie in die Halle, wo die Frauen sie erwarteten. Tische waren gedeckt mit köstlichen Speisen und rotem Wein, die siebzehn Mädchen setzten sich zu den Männern, und Maelduin saß allein bei der Herrin des Schlosses am ersten Tisch. Dann führten die Mädchen die Männer zu siebzehn weichen Lagern und legten sich liebevoll mit ihnen nieder. Und Maelduin genoss die Liebe auf dem Lager der Königin.

Am nächsten Morgen sprach die Königin zu ihnen: »Bleibt hier bei uns. Was wollt ihr weiter herumirren über das endlose Meer, von Gefahr zu Gefahr, bis es euch verschlingt. Hier bei uns seid ihr sicher vor Alter, Krankheit und Tod. Keine Mühe wird euch belasten, und jede Nacht wird so schön wie die vergangene sein!«

Da wollte Maelduin wissen, was das für eine Insel sei und wie sie hier lebten. Und die Königin erzählte, die siebzehn Mädchen seien ihre und des alten Königs Töchter, und nach dessen Tod habe sie die Herrschaft übernommen. »Und jeden Tag«, sagte sie, »reite ich hinaus auf die große Ebene und spreche Recht bis zum Abend. Wartet auf mich, und schon bald werden wir die Freuden der letzten Nacht wiederholen!«

So blieben die Gefährten den ganzen Winter auf der Insel, drei Monate, aber ihnen kam es wie drei Jahre vor, denn ihre Sehnsucht nach der Heimat wurde größer von Tag zu Tag. »Wir sind schon zu lange hier!«, sagte Diuran zu Maelduin, »komm, lass uns den Weg nach Hause suchen!«

»Warum willst du zurück?«, fragte Maelduin, »es kann uns doch nirgends besser gehen als hier!« Aber die anderen stimmten Diuran zu und meinten, Maelduin habe sich zu sehr in die Königin verliebt. Er solle doch bei ihr bleiben, sie aber wollten heim! Aber allein wollte Maelduin auch nicht bei den Frauen bleiben, und so beschlossen sie, abzureisen.

Als die Königin am nächsten Morgen wie üblich fortgeritten war zu der Ebene, schlichen die Männer sich heimlich auf ihr Schiff und legten ab. Aber da sprengte die Herrin der Insel herbei und warf ein Knäuel Garn zum Schiff hinüber; und Maelduin konnte nicht anders, er fing es auf, und es blieb an seiner Hand kleben. Und die Königin wickelte das Garn wieder auf und zog das Schiff ganz sanft an Land.

»Ich werde immer wissen, wenn ihr fort wollt«, sagte sie, »und immer wird einer von euch das Knäuel fangen. Denn ihr gehört hierher zu uns.«

Und wirklich, wann immer die Männer erneut zu fliehen versuchten, war's genau so. Die Königin kam zurück, warf das Knäuel aufs Schiff, Maelduin fing es und kam nicht los, und sie zog das Boot an Land. Diuran versuchte, das Garn mit seinem Schwert zu durchschlagen, aber so fest er auch zuschlug, das Garn ging nicht entzwei.

Neun Monate ging das so, die Nächte waren noch immer wie ein Traum, aber am Tag quälte Heimweh die Gefährten mehr und mehr, und viele dachten, Maelduin würde das Garn mit Absicht fangen, weil er die Königin nicht verlassen wollte. Da sagte Diuran: »Morgen versuchen wir's ein letztes Mal, und Maelduin binden wir die Hände auf den Rücken, so dass er das Band nicht fangen kann. Vielleicht wirkt der Zauber dann nicht!«

So machten sie es. Und als die Königin das Zauberknäuel ins Boot warf, konnte Maelduin es nicht fangen. Aber German streckte, obwohl er's gar nicht wollte, die Hand danach aus – und klebte fest. Da zog Diuran sein Schwert und schlug dem Freund die Hand ab, und der Weg war frei, und das Boot schoss hinaus auf die offene See. Dort verbanden sie Germans Wunde, der lachte nur darüber und meinte, eine Hand sei kein zu hoher Preis für die Freiheit; doch noch lange hörten sie die Königin klagen.

Die nächste Insel war menschenleer, nur Schafe gab es dort; damit waren sie auch ganz zufrieden nach dem Jahr bei den Frauen. Sie lagerten am Ufer eines Sees – da sahen sie von Südosten eine schwarze Wolke kommen, sie kam näher und näher, und die Gefährten erkannten mit Schrecken, dass es ein riesiger Vogel war, in seinen Krallen hielt er einen Zweig, groß wie eine Eiche.

Die Männer versteckten sich im Gebüsch, der Vogel aber landete auf einem Hügel am See. Er schien müde zu sein und alt, lange saß er still, dann fraß er von den schweren roten Früchten, die an dem Zweig wie Trauben hingen. Gegen Abend kamen zwei andere Riesenvögel, sie schienen jünger, ließen sich neben dem ersten Vogel nieder und zupften ihm behutsam die alten Federn aus. Dann fraßen auch sie von den Früchten und warfen die Kerne und Schalen in den See, da wurde das Wasser rot wie Wein.

Am nächsten Tag zupften die jungen Vögel weiter, bis zum Mittag, dann flog der alte Vogel hinunter zum See, tauchte unter und setzte sich wieder auf den Hügel in die Sonne; doch gab er Acht, keine der alten Federn zu berühren.

Am dritten Tag strichen die jungen Vögel das Gefieder des alten mit ihren Schnäbeln glatt, bis zum Mittag, dann flogen sie davon. Der alte Vogel saß noch bis zum Abend still, endlich reckte er sich, schüttelte die Flügel und erhob sich in die Lüfte. Dreimal umkreiste er die Insel mit raschen kräftigen Flügelschlägen, dann flog er nach Südosten, und jeder konnte sehen, er war wie neugeboren!

»Baden wir doch in dem See!«, rief Diuran, »dann werden wir auch wieder jung!« Nein, warnten die anderen, der Vogel habe gewiss das Gift seines Alters im Wasser gelassen. Aber Diuran lachte nur und stürzte sich in den See, er tauchte unter und trank auch von dem Wasser. Und Zeit seines Lebens wurde er nie krank oder gebrechlich, kein Zahn fiel ihm aus, kein Haar wurde grau.

Nun versorgten sich die Gefährten mit Schaf-Fleisch und fuhren weiter, und sie kamen zu einer Insel, die lag tiefer als das Meer, so dass die Wellen ringsum wie Klippen standen. Aber die Bewohner schienen sich vor ihnen zu fürchten, und eine Frau warf mit großen Nüssen nach ihnen.

Als sie dann durch ein paar schroffe Klippen steuerten, hockte da etwas auf den Steinen. Erst dachten sie, es sei ein großer weißer Vogel, doch dann erkannten sie: Da kniete ein Mensch, der trug nichts als sein langes weißes Haar. Sie ruderten näher und fragten, wer er denn sei.

Da erzählte der Einsiedler, er sei Koch eines Klosters gewesen, doch er habe das Kloster betrogen und sei mit dem Klosterschatz in einem Boot geflohen. »Aber dann blieb das Boot mitten im

Meer wie angewurzelt stehn«, sagte der Alte, »und einer saß da auf den Wellen und sagte: ›Wirf alles, was du gestohlen hast, ins Meer, sonst wirst du nie weiterkommen!‹ Und er zeigte mir alle Dämonen, die auf mich warteten. Da warf ich, was ich besaß, in die See – nur diesen kleinen Holzbecher behielt ich. Den füllte der Mann auf dem Meer mit Molke, und sieben Brote gab er mir. Und ich ließ mein Boot treiben bis zu diesen Klippen, und hier lebte ich sieben lange Jahren von den Broten und der Molke. Und als alles aufgezehrt war, befahl ich mein Leben in Gottes Hand. Da kam ein Otter geschwommen und brachte mir ein halbes Brot und ein Stück Fisch, und mein Becher füllte sich mit Bier – und so ist das seither an jedem Tag gewesen!«

Und wirklich, am Abend brachte der Otter Brot und Fisch für jeden von ihnen, und das Bier im Becher reichte für alle aus. Als sie am nächsten Morgen weiterfuhren, luden sie den Einsiedler ein, mit ihnen zu kommen, aber der lehnte ab: »Ich habe hier alles, was ich brauche. Und ihr findet auch ohne mich heim – alle bis auf einen. Doch solltest du, Maelduin, den noch finden, der deinen Vater getötet hat, so denke daran, wie oft Gott dir auf dieser Fahrt das Leben geschenkt hat!«

So fuhren sie weiter und kamen zu einer Insel, auf der es wimmelte von Menschen, die spielten wie kleine Kinder, trieben Unfug und lachten ununterbrochen. Das Los bestimmte Maelduins jüngsten Ziehbruder, als Kundschafter an Land zu gehen. Doch kaum hatte der einen Fuß auf die Insel gesetzt, da war er so albern und ausgelassen wie alle Übrigen dort und benahm sich, als hätte er schon immer zu ihnen gehört. Als er bei Anbruch der Dunkelheit nicht zurückgekehrt war, fuhren die anderen schweren Herzens ohne ihn weiter.

Drei Jahre waren sie nun schon unterwegs, bei dreißig Inseln waren sie gewesen, nun wollten sie keine Wunder mehr sehen – nur noch das Grün ihrer Heimat. Und dann sahen sie Land, grüne Hügel wie daheim, Häuser, aus denen blauer Rauch zum Himmel aufstieg, und sie hörten Menschen fröhlich singen. Aber sie konnten keinen Fuß auf die Insel setzen, denn Mauern aus Feuer liefen ringsum und ließen sie nicht vorbei. Da schaute Diuran auf und sah einen Vogel über sie hinwegfliegen. »Seht doch!«, rief er, »der Vogel sieht aus wie die Falken von Erin!« Ja, und da setzten sie alle Segel und legten sich in die Ruder und folgten dem Flug des Falken.

Und als es Abend wurde, erblickten sie zwei kleine kahle Inseln, die kamen ihnen bekannt vor; es waren die, auf denen sie zu Beginn ihrer Fahrt die Seeräuber belauscht hatten. Sie warteten, bis es Nacht geworden war, dann landeten sie und schlichen sich im Schutz der Dunkelheit an das große Haus heran, wo die Plünderer am Feuer saßen.

»Ihr habt es doch auch gehört«, sagte gerade einer, »nun hat sich also doch einer aus Allils Sippe aufgemacht, um ihn zu rächen: Maelduin, sein Sohn.«

»Ja, aber das war vor drei Jahren«, knurrte ein anderer, »der ist doch sicher längst im Meer ertrunken!«

»Kann sein«, sagte der Erste, »kann aber auch nicht sein. Kann sein, dass er uns eines Morgens unsanft aus dem Schlaf reißt!«

»Wenn dieser Maelduin jetzt käme«, fragte ein Dritter, »was würden wir dann tun?«

»Das ist doch keine Frage«, sagte der Häuptling. »Wir würden ihn willkommen heißen und ans Feuer bitten als unseren Gast, denn gewiss hat er auf seiner langen Fahrt genug Not und Elend erfahren.«

Da pochte Maelduin an die Tür. »Wer ist da?«, rief es von drinnen.

»Ich bin es, Maelduin!«

Da sprang der fremde Häuptling auf und öffnete selbst die Tür, er begrüßte Maelduin und seine Männer wie lang erwartete Gäste und bat sie in die Halle ans wärmende Feuer. Dann lief er und holte frisches Brot und Fleisch und Bier und Wein und neue Kleider. Und Maelduin erzählte von ihrer Reise: von all den Wundern, die sie gesehen hatten, und wie sie sich inmitten all der

Wunder gesehnt hatten nach dem wunderbaren Grün der Heimat. Und dann hoben alle die Becher und tranken auf das Wunder der Heimat und auf das Wunder des Friedens, das ihnen heute begegnet war. Und als sie nach einigen Tagen Abschied voneinander nahmen, da schieden sie als Freunde. Und Maelduin und seine Gefährten fanden den Weg in die Heimat zurück.

Ja, das ist die uralte Geschichte der Reise von Maelduins Boot. Gebe Gott, dass auch unsere Reise so glücklich endet.

Nach-gedacht

Wie die Geschichte von Odysseus erzählt auch diese von einer Seelenreise in die Anderswelt und zu sich selbst. Ich möchte zu dieser traumhaften Geschichte nur einige kurze Hinweise geben, denn eine ausführliche Interpretation ist hier weder möglich noch nötig, man kann das Märchen kommentarlos verstehen.

Maelduin wird uns so vorgestellt, wie sich nach Blaise Pascal jeder Mensch erlebt: als »entthronter König«. Er wächst am Königshof auf – und merkt dann, dass er doch nur ein unerwünschter Bastard ist, kein Kind der Liebe, sondern der Gewalt, weder vom Vater noch von der Mutter gewollt. Als er erfährt, dass sein Vater, ein berüchtigter Pirat, von anderen Seeräubern umgebracht wurde, will er den Tod des Vaters rächen. Seeräuber war sein Vater, andere Seeräuber haben ihn umgebracht, nun wird auch Maelduin, um den Vater zu rächen, zum Seeräuber. Die Spirale der Gewalt dreht sich weiter im Teufelskreis.

Maelduin beginnt seinen Rachefeldzug nicht blind, sondern gut beraten, und er wählt genau die richtige Zahl von Gefährten. Seine Vergangenheit aber, die er hinter sich lassen wollte, holt ihn wieder ein – die drei Ziehbrüder, die ihm, wie zur Sippe seines Vaters, nun auch übers Meer folgen. Damit ist der Ratschlag des Druiden missachtet, und die rasche Rache misslingt. Und doch ist der Umweg, den die Geschichte nun nimmt, notwendig für Maelduins Weg zu sich selbst: Ein Sturm sorgt im letzten Augenblick dafür, dass Maelduins Reise mehr ist als ein schlichter Rachefeldzug.

Stattdessen beginnt eine surreale Reise, bei der sich albtraumartige und traumhafte Bilder abwechseln: Riesenameisen, dämonische Pferde und glühende Inseln, dann wieder Rast in einem Haus, das Ruhe und Nahrung schenkt. Ein erstes größeres Abenteuer erleben die Gefährten auf einer geheimnisvollen weißen Felseninsel. Vögel mit Menschenstimmen – Seelenvögel? – weisen ihnen den Weg zur glänzenden und doch leblosen Schönheit dieser Insel. Ihre Herrin ist eine weiße Katze, die Gastfreundschaft gewährt, aber dem, der sich mehr herausnimmt, den Tod bringt. Der erste Ziehbruder erliegt seiner Gier, und Maelduin muss ihn – und eine erste Lebenshaltung? – hinter sich lassen.

Auf den nächsten Inseln scheint mir die Problematik des menschlichen Richtens und Urteilens angedeutet. Was uns schwarz erscheint, mag anders betrachtet weiß sein, und umgekehrt. Und in dem Feuerstrom, der Ochsen und Kühe trennt, verbrennt der Speer, den Maelduin in der Hand hielt, als er auf die Seeräuberinsel springen wollte, um seine Rache zu nehmen. Und Missgunst unter Menschen, oft der verborgene Grund unseres Urteilens, hält nur die Höllenmühle in Gang.

Auf der nächsten Insel, einem Ort schierer Depression, verliert Maelduin den zweiten Ziehbruder. Lässt er auf der Suche nach sich selbst die Versuchungen von Habsucht und Verzweiflung hinter sich?

Die Gefährten treffen ein Mädchen mit großen Feenaugen, das sie erst ignoriert, dann alle mit Namen kennt, ihnen geradezu himmlisches Essen und Trinken anbietet – und sie doch einschläfert und loswerden will.

Sie fahren über ein Land unter den Wellen, das ihnen wie ein Paradies erscheint, bis sie die Ungeheuer dort entdecken; sie fahren über ein mit silbernen Maschen bedecktes Meer zu einem schimmernden Turm, der bis zum Himmel reicht. Ich vermag diese Bilder nicht auszudeuten, aber sie wirken auch ohne Deutung, wenn wir sie in uns nachklingen lassen. Diuran, Maelduins tatkräftiger Freund, der hier erstmals in den Vordergrund tritt, holt uns zurück aus den Zauberwelten in die vertraute Wirklichkeit. Er reißt ein Stück aus dem Silbernetz, das er nach der Heimkehr in die Wallfahrtskirche von Armagh bringt. Wir wissen also jetzt schon, dass zumindest einige der Gefährten heimkehren werden.

Nun folgt die längste Episode auf der Insel der Frauen. Zunächst scheinen die Männer hier im Paradies zu sein, keine Mühsal, kein Tod trübt die »Wellness«, und alle Freuden des Lebens werden geboten. Fast hätte Maelduins Weg hier geendet, doch seine Gefährten wollen schon bald wieder fort. Das ist dann gar nicht so einfach, und am Ende zahlt einer mit seiner Hand für seine Freiheit.

Warum ist diese Trauminsel für die Männer (außer Maelduin) doch ein Albtraum? Vielleicht, weil sie hier sich selbst verlieren, weil ihre Freiheit verloren geht und ihre »Männlichkeit« stirbt. Denn sie geraten in eine Rolle, die früher (?) nur (manchen) Frauen zugeschrieben wurde: Sie sind reine Lustobjekte, ein Harem für die Königin und ihre Töchter. Es kann zu denken geben, dass auf dieser Insel, auf der sie sicher vor dem Tod sein sollen, der alte König gestorben ist.

Die nächste Insel, die nächste Lebensfrage, die die Gefährten erreichen, ist die nach dem Alter. Der Riesenvogel erneuert seine Kraft, nicht wie der Vogel Phönix im Feuer, sondern in einem Jungbrunnen-See und mit Hilfe der jungen Vögel. Aber nur Diuran riskiert es, in das gleiche Wasser zu tauchen.

Ein alter Einsiedler, der auf einer Klippe von der Hand in den Mund lebt, nur im Vertrauen auf das tägliche Brot (und Bier), erinnert Maelduin daran, wie oft auch ihm das Leben geschenkt wurde. Und wir ahnen: Wir sind bald am Ziel.

Nun bleibt noch der jüngste Ziehbruder zurück bei einer kindischen Spaßgesellschaft, deren Albernheit so wenig weiterführt wie Habsucht und Trübsal. Dann sehen sie die Heimat vor sich, aber eine Feuerwand verhindert, dass sie an Land gehen. Es ist noch etwas zu erledigen – die Begegnung mit dem Feind.

Diese letzte Szene spricht für sich selbst. Maelduin hat sich geändert, aber vor allem nimmt er wahr, dass »der Feind« ganz anders ist, als er dachte, dass sein Feind-Bild nicht mehr stimmt. Frieden finden heißt: sich ändern. Aber es heißt auch: sehen, ob der andere nicht ganz anders ist, als ich denke.

Am Schluss fehlen die märchentypischen Motive. Maelduin hat weder Braut noch Königreich gewonnen und nicht einmal Schätze und Reichtümer. Aber er ist aus dem Schatten seines Vaters herausgetreten und hat Frieden und Heimat gefunden. Und das ist ein glückliches Ende.

Männer

*Schon die Märchen von der Reise in die Anderswelt
waren Männergeschichten. Im dritten Kapitel möchte ich
noch einmal zwei Männer vorstellen, jeweils mit zwei
Geschichten: nämlich Dermot O'Dyna, einen der Helden
der irischen Fianna-Tales, und Gawain,
einen Ritter der mittelalterlichen Tafelrunde.
Sehr zugespitzt lässt sich behaupten, dass sich für (uns)
Männer vor allem in zwei Fragen entscheidet, ob unser
Leben sagenhaft tragisch oder märchenhaft glücklich wird.
Die erste Frage: Wie gehen wir um mit Macht, Erfolg und
Leistung? Die zweite: Wie begegnen wir dem Weiblichen? Um
diese beiden Fragen geht es auch in den folgenden Geschichten.
Die ersten beiden Erzählungen um Dermot lassen noch den
Ehrenkodex der altkeltisch-vorchristlichen Kultur ahnen, die
dann folgenden beiden englischen Sagenmärchen um Gawain
erzählen vom Leben nach den Maßstäben ritterlicher Ehre,
und das war ein durch und durch christliches Lebenskonzept.*

Dermot mit dem Liebesfleck

*Auch diese Geschichte hat alles, was keltische Märchen so
faszinierend macht: surreale Bilder, überraschende Wendungen, starke Frauen und Männer, die Helden sind, aber
Helden mit gar nicht so kleinen Fehlern und Schwächen.
Weil hier Tief- und Hinter-Sinn mit viel Humor
erzählt wird, darum lässt sich das Märchen auch in
(feucht-)fröhlicher Runde erzählen.*

Da waren einst vier Gefährten: Dermot O'Dyna, Conan, Osgar und Goll. Sie waren stark und klug und kampferprobt, und alle vier gehörten zur Fianna, zu den Männern des großen Finn MacCool.

Einmal waren die vier auf der Jagd. Sie jagten, bis es dunkel wurde, dann fing es auch noch zu regnen an. Nun mochten sie nicht die ganze Nacht trübsinnig unter triefenden Bäumen hocken, also sahen sie sich um, ob nicht in der Nähe ein Strohdach auf sie wartete. So kamen sie in ein enges Tal, das keiner von ihnen je betreten hatte, dort sahen sie blauen Rauch aufsteigen aus dem Schornstein einer einsamen Hütte. Dermot stieß den Ruf der Freundschaft aus, um den Bewohnern zu zeigen, dass sie nicht in böser Absicht kämen. Da trat ein alter Mann aus der Hütte, er begrüßte die Männer freundlich und hieß sie willkommen für die Nacht. So traten sie über die Schwelle ans hell lodernde Feuer.

Der Alte wohnte nicht allein in der Hütte. Bei ihm war ein junges Mädchen, kupferrot war ihr Haar, rund und schön waren ihre Brüste, und auf ihren Lippen lag ein Lächeln, zärtlich und lockend, das ließ die Männer die Augenbrauen heben. Und ein mächtiger Hammel lag ruhig und schwer in einer Ecke und glotzte die Gäste aus großen dummen Augen an. Und eine schwarze Katze lag zufrieden schnurrend an der Feuerstelle.

Das Mädchen hängte nun einen großen Kessel übers Feuer, stellte vier hölzerne Schalen auf den weiß gescheuerten Tisch in der Mitte des Raumes und legte vier Löffel dazu. Die Männer setzten sich um den Tisch, und das Mädchen brachte den Topf mit der würzigen dampfenden Bohnensuppe. »Greift zu«, sagte sie, dann ging sie mit dem Alten in den Nebenraum, um dort ein Nachtlager zu richten.

Doch gerade wie die Männer Suppe schöpfen wollten, sprang der Hammel mit einem Satz mitten auf den Tisch, so geschickt, dass er weder Topf noch Teller umstieß; und sein scharfer Geruch war stärker als der Duft der Suppe. Ärgerlich wollten die Gefährten den Hammel vom Tisch herunterstoßen, der aber wehrte sich, stieß um sich und schlug so kräftig aus, dass die Männer taumelten und zu Boden fielen. Endlich glückte es Goll, das Tier vom Tisch zu werfen, aber das sollte den Gefährten schlecht bekommen. Denn bis jetzt hatte der Hammel nur mit ihnen gespielt. Nun aber wurde er böse und teilte so harte Stöße aus, dass die vier stolzen Fianna-Helden im Handumdrehen auf dem Rücken lagen. Und dann stellte der Hammel dem Goll auch noch die Vorderbeine auf die Brust.

Da kam der Alte aus dem Nebenraum. »O weh«, sagte er, »wie ich sehe, ist es euch schlecht ergangen. Katze, warum hast du das zugelassen? Komm, binde den dummen Hammel fest, dass er kein Unheil mehr anrichten kann.« Da sprang die Katze, die wie schlafend am Kamin gelegen hatte, mit einem Satz dem Hammel ins Genick, krallte sich in sein Ohr und lenkte ihn in seinen Winkel zurück, dort band sie einen Strick um seine Hörner, so dass er sich nicht mehr rühren konnte. Die Männer erhoben sich stöhnend und fluchend. »Wir können nicht länger bei euch bleiben«, sagte Dermot. »Noch nie sind wir so erniedrigt worden – und das vor den Augen eines schönen Mädchens. Habt Dank für eure Gastfreundschaft. Aber euer Haus muss verhext sein. Und wir sind wohl nicht Manns genug, diesen Zauber zu brechen. Lieber schlafen wir draußen in Nacht und Nässe, als dass wir uns noch einmal so demütigen lassen!«

Der Alte hob die Hand und lachte leise: »Ihr braucht euch nicht zu schämen, Männer. Kein gewöhnlicher Hammel hat euch zu Boden geworfen, und auch die Katze, die ihn zähmte, was euch nicht gelang, ist kein gewöhnliches Tier. Bleibt also, das wird eurem Ruf nicht schaden.«

»Ja bleibt«, sagte auch das Mädchen, und sie sah Dermot mit ihren Sternenaugen an. Dermot senkte den Kopf. Der Macht dieser Augen war so schwer zu widerstehen wie dem Hammel. Doch Goll blieb zornig: »Nein, nein, mit ein paar guten Worten und einem schönen Blick ist unsere Schande nicht getilgt. Wir müssen wissen, wer das ist, vor dem unsere Kraft so erbärmlich versagt hat!«

»Nun, lieber hätte ich es euch verschwiegen«, sagte der Alte, »aber wenn ihr so schwer gekränkt seid ... Nur hoffe ich, dass euch die Wahrheit nicht noch mehr erschreckt. Der Hammel, dem selbst vier Fianna-Helden nicht widerstehen können – das ist die Welt. Ihr unterlegen zu sein, dafür muss sich niemand schämen. Die Katze freilich ist noch stärker als die ganze Welt; die Katze nämlich ist – der Tod.«

»Der Tod!?«, rief Dermot, »schnell, Männer, lasst uns gehn!«

»Fürchtet euch nicht«, sagte der Alte, »nirgends seid ihr sicherer vor dem Tod als in meinem Haus. Solange ihr unter diesem Dach seid, schläft der Tod. Also kommt, es ist spät, ich zeige euch euer Lager. Es gibt nur drei Räume unter diesem Dach. Dort hinten stehen die Schafe. Hier, am großen Feuer, schlafe ich, der Herr des Hauses. Wir haben euch im dritten Raum ein Strohlager bereitet, da, wo auch das Bett meiner Tochter steht. Vier stolzen Fianna-Helden kann ich gewiss die Ehre eines jungen Mädchens anvertrauen. Kommt jetzt, ihr werdet müde sein.«

Da legten sich die vier Gefährten ins Stroh, doch keiner von ihnen schlief ein. Was wären das auch für Männer gewesen, wenn sie die Nähe eines schönen Mädchens nicht wach gehalten hätte. Als dann das Mädchen ins nachtschwarze Zimmer trat und ihre Kleider ablegte, da ging ein weiches Licht von ihr aus. Die Männer hielten sich ganz still, jeder hoffte, dass die andern bald einschlafen würden.

Goll war der Erste, der dem Verlangen nicht mehr widerstehen konnte. Leise schlich er zum Bett des Mädchens und flüsterte in ihr Ohr: »Lass mich zu dir, schöner Glanz. Ich will, dass du mein wirst. Ohne deine Liebe finde ich keinen Schlaf.« Das Mädchen sah ihn an mit ihren weichen lockenden Augen: »Einmal habe ich dir gehört, Goll, doch nie, nie wieder wird es geschehn. Leg dich wieder hin.« Zähneknirschend tappte Goll zurück und grub sich ins Stroh.

Eine Weile war es still, dann versuchte Osgar sein Glück. Doch kaum war er an das Bett des Mädchens gekommen, da hörte er ihre Stimme: »Auch dich kann ich nicht lieben, Osgar. Einmal bin ich deine Liebste gewesen. Aber das ist vorbei und kommt nie wieder.«

Nicht lange, dann schlich auch Conan an ihr Bett: »Schönste Feenprinzessin«, flüsterte er, »niemand belauscht uns. Und du bist schön wie eine Wolke, die die Morgensonne rötet. Sei mein, und ich werde dein Lob bis an mein Lebensende singen!« Aber sie wies auch ihn ab: »Conan, dein Lob brauch' ich nicht. Ich bin wie ich bin, ob du mich lobst oder nicht. Doch nachdem ich dir einmal gehört habe, mag ich dich nicht mehr.« Verwirrt kroch Conan zurück zu seinem Lager. Was sonst sollte er auch tun? Liebe lässt sich nicht erzwingen.

Dermot war auch noch wach und hatte alles gehört. Wenn sie die andern abgewiesen hat, dachte er, so kann ich mir vielleicht Hoffnung machen. Er schlich zu ihrem Bett, und was er dort sah, verschlug ihm den Atem: Das Mädchen hatte sich aufgerichtet, um ihren Leib war nichts als kupferrotes Haar, im Dunkeln leuchtete ihre helle Haut, und sie streckte ihre Arme nach ihm aus: »Dermot, mein Liebster, mein Schönster. Wie sehr hab' ich auf dich gewartet, wie gern schliefe ich mit dir. Doch auch dir kann ich nicht gehören, niemals kehre ich zu dem zurück, der mich einmal besessen hat. Denn ich bin die Jugend. Aber dich liebe ich, Dermot, und es fällt mir schwer, dich wegzuschicken. Du sollst nicht gehen ohne ein Zeichen meiner Liebe. Komm, neig' dich herab zu mir.«

Dermot gehorchte, und das Mädchen strich ihm zärtlich über die Stirn: »Nun habe ich dich gezeichnet, Liebster. Nun wird dich kein Mädchen, keine Frau mehr ansehen können, ohne dich zu lieben. Und jetzt geh', Dermot, und lass mich allein.« Sie beugte sich zurück, ihr Licht erlosch, und Dermot tastete sich durch das Dunkel zurück zu seinem Lager. Doch er fand keinen Schlaf mehr in dieser Nacht.

Fortan aber konnte kein Mädchen, keine Frau dem Dermot widerstehen. Wenn er die Mädchen nur ansah, so fielen sie ihm zu, so wie das Gras vor der Sichel fällt. Und darum hieß Dermot O'Dyna seit jener Nacht »der mit dem Liebesfleck«.

Nach-gedacht

Eine amüsante Geschichte, gut zu erzählen und immer wieder gern gehört. Aber ich spüre hinter der Komik dieser Helden auch ihre Tragik. Für mich ist es ein Männer-Märchen zur Midlife-Crisis.

Vier tüchtige, erfolgreiche, angesehene Männer auf der Jagd finden Unterschlupf in einem seltsamen Haus und merken nicht, wohin sie geraten sind – mitten hinein in die Anderswelt. Als sie die würzige Suppe auslöffeln wollen, verdirbt ihnen der Hammel den Appetit. Ein Hammel, mit dem sie nicht fertig werden, der vielmehr die vier stolzen kampferprobten Fianna-Helden im Handumdrehen aufs Kreuz legt. Kein Löwe hat sie besiegt, kein Drache, kein Riese – nur ein dummer Hammel.

Viele Männer erleben genau das. Sie haben sich erfolgreich durchgesetzt und wollen nun genießen, was das Leben auftischt. Und dann verdirbt die hammelhafte Welt den Festschmaus, und sie merken mit Schrecken, dass sie weder die Welt noch ihr eigenes Leben im Griff haben. Und kommt der Tod, der auch die Welt zu bändigen weiß, in den Blick, so ist das Erschrecken noch größer.

Und dann müssen drei der vier Helden noch eine Demütigung hinnehmen. So wie sie keinen Erfolg gegen die Welt hatten, haben sie nun auch keinen Erfolg mehr bei den Frauen. Unterlegen sein, zurückgewiesen werden – männliche Albträume.

Nur Dermot wird die zweite Schmach erspart. Es wird nicht erzählt, warum, aber er wird von dem schönen Mädchen Jugend beschenkt, zwar nicht mit ihrer Liebe, aber mit Unwiderstehlichkeit.

Gibt uns die Liebe ein Gefühl, wieder jung zu werden? Oder jagen wir mit jeder neuen Liebe der verlorenen Jugend nach? Am Ende bleibt die Frage: Ist der Liebesfleck, den Dermot trägt, ein Segen oder ein Fluch? Aber davon erzählt die nächste Geschichte.

Dermot und Grainne

Märchen enden glücklich, sie erzählen, dass sich im Leben die Gegensätze und Widersprüche hochzeitlich versöhnen lassen, dass wir auf dem Weg der Erlösung sind. Sagen, vor allem Helden-Sagen, enden tragisch, erzählen von »großen« Männern, die sich zu Tode siegen; und die Frauen sind ihr Unglück und ihr Untergang. Nicht Erlösung, sondern Verstrickung ist die Logik und treibende Kraft der Sage. Die Geschichte von Dermot und Grainne ist eine der großen keltischen Erzählungen, ja, eine der großen Tragödien der Menschheit. Sie ist in Irland und Schottland in vielen sehr stark voneinander abweichenden Fassungen überliefert, meine Erzählfassung stützt sich vor allem auf Martin Löpelmann, Keltische Sagen aus Irland, 1993[4], und Christiane Agricola, Volkssagen aus Schottland, Leipzig 1988. Wieder empfiehlt es sich, die Geschichte in mehreren Teilen vorzutragen, das Gehörte zu besprechen und Vermutungen zum Fortgang auszutauschen.
Zur Aussprache: Grainne = Grannja (wobei das a dunkel klingt, fast wie ein o); Oisin = Uschien.

Finn MacCool war ein berühmter Held und der Führer der Fianna, einer Kriegerschar, die durchs Land zog, um es zu beschützen, und auf der Suche nach Abenteuern. Und Dermot O'Dyna war Finns Neffe, der einzige Sohn seiner Zwillingsschwester, und sein Hauptmann. Dermot war so mutig wie schön, golden war sein Haar, sagen manche, andere sagen: rabenschwarz. Aber wie's nun auch gewesen sein mag, alle erzählen: Auf seiner Stirn war ein Liebesfleck, und jede Frau, jung oder alt, die diesen Liebesfleck sah, verliebte sich auf der Stelle in Dermot. Deshalb trug der, um Streit mit den Gefährten zu vermeiden, stets eine Kappe tief ins Gesicht gezogen.

Finn war alt und grau geworden und schon lange Witwer. Oft stand er einsam, traurig und gebeugt am Rand des Lagers. Da dachte Oisin, Finns Sohn, eine neue Frau würde den Alten trösten, und er schlug seinem Vater vor, für ihn um die schönste Frau in Erin zu werben. Das war damals Grainne, die blonde Tochter des Königs Cormac in Tara.

So zog Oisin nach Tara, und der König nahm ihn freundlich auf. Oisin aber bat den König gleich beiseite und trug ihm sein Anliegen erst unter vier Augen vor. Denn hätte der König abgelehnt, und das wäre bekannt geworden, so hätte das Finns Ehre verletzt, und so eine Schmach konnte nur mit Blut ausgelöscht werden.

Doch dem König gefiel Oisins Werbung und die kluge Art, wie sie vorgebracht wurde: »Es wäre mir eine Ehre, Finn zum Schwiegersohn zu bekommen«, sagte er, »aber Grainne muss für sich selbst entscheiden.« Und dann ging er zu seiner Tochter und sagte, jemand sei gekommen, der werbe um sie.

»Das ist Oisin, nicht war«, lächelte Grainne und strich sich das blonde Haar zurück, »ach, ich hab' schon viel von ihm gehört, er soll ein Mann sein, so ansehnlich wie angesehen.«

»Ja, ja, der Werber ist Oisin«, sagte Cormac, »nur ...«

Doch Grainne unterbrach ihn: »Zwischen uns braucht es doch keine langen Worte, Vater. Wer dir recht ist als Schwiegersohn, der ist mir auch recht als Mann!«

Diese Antwort hörte Cormac nur zu gerne, wenn sie ihm auch nicht ganz geheuer war; er hatte befürchtet, seine schöne stolze Tochter würde nie und nimmer den alten Finn zum Mann haben wollen. »Dann ist ja alles gut, mein Kind«, sagte er rasch, und er gab Oisin Bescheid, der Antrag sei angenommen. Der eilte erfreut nach Hause zurück, berichtete seinem Vater von der erfolgreichen Werbung, und dann zog Finn mit großem Gefolge nach Tara, um seine Braut zu holen.

König Cormac empfing die Gäste mit allen Ehren, und dann feierten sie ein großes Fest in der Methalle von Tara. Und Finns Druide, Daire mit den vielen Liedern genannt, sang beim Gelage von den Heldentaten Cormacs und seiner Ahnen und von denen der Fianna. Den fragte Grainne zwischen zwei Liedern: »Sag' mir doch, Daire, welcher ist denn Oisin?«

»Er sitzt dem alten Finn und deinem Vater gegenüber.«

»Gut sieht er aus«, meinte Grainne.

»Ja«, sagte Daire, »und es ist auch keiner ein besserer Kämpfer als er – höchstens Finn, dein Bräutigam.«

Da fiel ein Schatten auf Grainnes Gesicht. »Wie!? Was sagst du da? Ist Oisin denn nicht der Bräutigam? Ich dachte, Finn sei nur mitgekommen, um seinem Sohn das Geleit zu geben. Finn ist ja älter als mein Vater.«

»Lass das niemanden hören«, flüsterte Daire, »sonst nimmt Finn dich nicht, und Oisin wird auch nicht wagen, eine Frau zu lieben, die seinen Vater gekränkt hat.«

Da verbarg Grainne ihr Gesicht in den Händen und war eine Weile ganz still. Doch als sie den Kopf wieder hob, war ihre Miene unbewegt und auch ihre Stimme, und sie bat Daire, ihr die anderen Helden zu zeigen: Oisins Sohn Osgar, Goll MacMorna und Dermot O'Dyna.

Da gerieten die Hunde in Streit, Dermot wollte sie auseinander reißen, und im Getümmel fiel ihm die Kappe vom Kopf. Und gerade da blickte Grainne ihn an, und die Liebe zu ihm schlug wie eine Woge über ihr zusammen, und sie hörte nichts mehr von dem, was der Druide über die anderen Männer erzählte. Sie stand auf, ging hinaus und mischte ein betäubendes Gift in einen Krug Wein, kam dann zurück in die Halle, ging herum und nötigte alle, auf ihr Wohl zu trinken, und alle schliefen ein. Nur zu Dermot ging sie nicht, der blieb wach.

Und Grainne sagte zu ihm: »Niemals werde ich die Frau des Alten. Komm, Dermot, flieh mit mir in die Berge!« Dermot erschrak, er wusste nicht, wie ihm geschah und wollte nichts davon hören. Er lief zum Brunnen, holte Wasser und weckte die Schlafenden wieder auf. Und so wurde Grainne Finns Frau und zog mit der Fianna heim.

Doch jeden Tag bedrängte sie Dermot, er solle mit ihr fliehen. Dermot wehrte sich gegen ihren Zauber, wies sie ab, wich ihr aus – aber er fürchtete, sie könne ihn verhexen und schwach machen. Endlich ging er zu Finn und fragte: »Bruder meiner Mutter, was ist schlimmer, Schande oder Schwäche?«

Finn aber lachte nur: »Ach, Sohn meiner Schwester, du wirst dein Lebtag kein Schwächling werden!«

Und immer und immer wieder drängte Grainne: »Dermot, du musst mit mir fliehen! Und willst du nicht, so lege ich Zauber und Bann auf dich, dass du tun musst, was du nicht willst. Aber du wirst mit mir fortgehen!«

»Nein, ich gehe nicht mit dir«, stieß Dermot hervor, »ich will dich nicht im Guten und nicht im Bösen, ich will dich nicht drinnen und nicht draußen, ich will dich nicht zu Pferde und nicht zu Fuß! Ich habe nichts mit dir zu schaffen!« Und verdrossen ging er davon.

Aber eines Tages war Dermot mit Grainne allein – er war an der Reihe, das Lager zu bewachen, während die anderen Männer auf die Jagd gingen. Da stand Grainne vor seiner Tür: »Dermot, bist du da drinnen?«

»Ja, bin ich.«

»Dann komm heraus und geh mit mir fort!«

»Ich hab's dir schon einmal gesagt: Ich will dich nicht im Guten und nicht im Bösen, nicht drinnen und nicht draußen, nicht zu Pferd und nicht zu Fuß.«

Da hielt sie lachend auf der Schwelle, und sie saß auf einem Ziegenbock: »Sieh her, Dermot, ich bin nicht drinnen und nicht draußen, nicht zu Fuß und nicht zu Pferd. Nun musst du also mit mir fortgehn!«

»Lass mich doch endlich in Frieden«, rief Dermot, »ich tauge nicht dazu, mit dir davonzulaufen!«

»Oh doch. Und noch heute gehen wir fort! Sonst zerreiße ich meine Kleider und sage Finn, das hättest du getan! Und sei gewiss, er wird mir glauben.« »Ja, daran zweifele ich nicht«, seufzte Dermot. »Aber wohin wir auch fliehen, Finn wird uns finden und umbringen.« Aber dann ging er doch mit ihr fort, und Grainnes Herz hüpfte, und Dermots Herz war schwer.

Als Finn zurückkam von der Jagd, sah er, dass seine Frau fortgelaufen war und Dermot mit ihr. Voll Wut brach er gleich mit seinen Männern wieder auf und jagte den beiden nach durch die Berge. So ging's drei Tage und drei Nächte, und wo immer Dermot mit Grainne die Nacht verbrachte, da ließ er ungebrochenes Brot zurück, zum Zeichen, dass er noch ohne Schuld geblieben war.

Grainne aber war gar nicht glücklich darüber. Und als sie einmal durch einen Bach wateten und eine kleine Forelle aus dem Wasser sprang, sagte sie: »Fischlein, Fischlein, könntest du an Land, du wärst mutiger als Dermot.«

»Denk lieber an Finn und lauf' weiter«, sagte Dermot, »gewiss holt er uns bald ein.«

»Nein, der bekommt uns nie«, rief Grainne. »Aber wie's auch ausgehen mag, ob er uns am Ende kriegt oder auch nicht, wir werden uns vor ihm verstecken, solange es geht. Pass auf: Wir gehen in den Wald da vorn – da verbergen uns die Zweige und Blätter.« Und sie kletterten auf eine hohe Eberesche, die am Waldrand stand, kletterten hinauf bis in den Wipfel, schmiegten sich eng an den Stamm und zogen die belaubten Zweige um sich zusammen.

Nicht lange, da kamen Finn und seine Männer zu jenem Bach. »Für heute sind wir genug gelaufen, Männer«, sagte Finn. »Machen wir Rast unter der großen Eberesche dort drüben.« Und die Männer lagerten sich.

»Machen wir ein Spiel, Jungs«, sagte Finn, und dann spielten sie Schach, und Finn spielte gegen Osgar, seinen Enkel, Oisins

Sohn. Sonst war beim Spiel immer Dermot an Finns Seite und half ihm, und Dermot war der beste Spieler von allen, er spielte, als hätte er Zauberkräfte. Nun aber verlor Finn das erste Spiel gegen Osgar und dann auch das zweite.

»Ach, ich vermisse Dermot«, knurrte Finn, »war er bei mir, dann hab' ich kaum einmal verloren. Aber mit ihm ging auch mein Glück. Aber gut, ein letztes Mal versuche ich's doch noch gegen dich, Enkelsohn.«

Dermot oben im Baum hatte alles gehört. Er riss eine von den roten Beeren ab, die auf der Eberesche wuchsen, und warf sie hinunter in Finns Schoß, der steckte sie in seine Tasche – und da gewann er dieses Spiel, er wusste selbst nicht, wie.

»Na, siehst du, einmal hast du ja doch gewonnen«, sagte Osgar, »aber ich zweimal. Willst du noch mal?«

»Aber ja«, sagte Finn, »gleich noch mal.« Da warf Dermot noch eine Beere in Finns Schoß, der steckte sie ein – und gewann erneut.

»Jetzt sind wir quitt«, sagte Osgar, »los, jetzt noch einmal, und diesmal kommt's drauf an!« Und wieder warf Dermot eine Beere hinab, und wieder konnte Finn das Spiel für sich entscheiden.

Da wurde Osgar zornig: »Ich weiß nicht, wie das zugeht, es ist wie verhext. Zweimal hab' ich dich klar geschlagen, aber jetzt ist's, als wäre Dermot doch noch an deiner Seite. Du musst etwas von ihm und seinem Zauber bei dir haben!«

»Sei es, wie es ist«, lachte der Alte, »ich habe dreimal gewonnen. Sieh her, in meiner Tasche sind drei rote Beeren, eine für jeden Sieg!« Und er warf die Beeren Osgar vor die Füße. Und so gerieten sie in Streit, zogen die Schwerter und gingen aufeinander los, und Osgar war drauf und dran, seinen Großvater zu besiegen.

»Bringen wir sie auseinander«, sagte Goll MacMorna.

»Sollen sie sich doch in Stücke hacken«, sagte Conan. Und da gerieten auch sie aneinander, und mit ihnen die ganze Fianna, und es war schon Blut geflossen, ehe Finn wieder zur Besinnung kam.

»Hört auf!«, rief er. »Bringen wir uns gegenseitig um, so freut das nur unsere Feinde.« Da ließen alle die Waffen sinken, schlossen wieder Frieden und verbanden ihre Wunden, dann zogen sie weiter den Bach hinunter zum Meer. Nun stiegen Dermot und Grainne herab vom Baum und verbargen sich in einer nahen Höhle. Und in der Nacht legte Dermot einen großen Stein zwischen sich und Grainne.

Und unten am Strand lagerten, verwundet und geschwächt, die Männer der Fianna. Am Morgen aber landeten dort drei Schiffe mit Kriegern aus dem Clan Morna, die überfielen Finn und seine Männer. Dermot hörte den Schlachtenlärm und den Kriegsruf der Fianna. »Mich bindet mein Eid«, sagte er zu Grainne, »wo immer ich den Kriegsruf höre, muss ich zu Hilfe kommen.«

Er eilte zum Strand und stürzte sich in den Kampf. Da stand es schlecht um die Fianna, aber an diesem Tag konnte kein Gegner dem Dermot widerstehen, und endlich flohen die Feinde zu ihren Schiffe. So hatte Dermot den Sieg und Finns Leben gerettet.

Doch Finn befahl seinen Männern, ihn festzunehmen, und sie umzingelten Dermot. Da stützte der sich auf seinen Speer, sprang hoch auf Finns Schulter, so dass der Alte zu Boden stürzte, sprang über die Köpfe der ihn umkreisenden Krieger hinweg und entkam zu der Höhle, wo Grainne auf ihn wartete – aber der große Stein blieb auch in dieser Nacht zwischen ihnen.

Nebel und Regen machten es Finn unmöglich, Dermot zu verfolgen. Und das Wetter war auch am nächsten Tag so schlimm, dass Dermot die Höhle nicht verlassen mochte. Er legte sich ans hinterste Ende und schlief. Und Grainne saß am Eingang und starrte missmutig in die dunklen Nebelschwaden.

Da kam übers Meer in einem Boot aus Fell und Weidenruten ein wilder Mann, der spürte die Höhle auf. Er tauchte vor Grainne aus dem Nebel auf, sie sah ihn an mit großen Augen und brachte vor Schreck keinen Gruß über die Lippen. Und auch der wilde Mann machte nicht viele Worte, er packte Grainne mit starken Armen, drückte sie zu Boden und wollte ihr Gewalt antun.

Dermot erwachte von ihrem Schreien und kam herbei, aber Grainne schrie: »Schlaf weiter, Dermot, der hier ist wenigstens noch ein Mann und keiner, der sich als Klotz an die Höhlenwand legt!«

Da rammte Dermot dem wilden Mann seinen Speer durch den Leib, der heulte auf, rollte von Grainne herunter und starb. Grainne stand auf und warf ihr zerrissenes, blutbesudeltes Kleid ab. »Du willst ein Held sein, Dermot«, spottete sie, »aber du warst noch nie so mutig wie dieser arme Wilde.« Dann ging sie ins Innere der Höhle, und Dermot folgte ihr, und als sie am nächsten Morgen weiter flohen, ließ Dermot gebrochenes Brot zurück.

Sie zogen weiter bachaufwärts, dort baute Dermot eine Hütte, und weil sie nichts mehr zu essen hatten, schnitzte er hölzerne Schüsseln, die sollte Grainne dann verkaufen. Aber die Späne trieben den Bach hinunter bis zum Meer, wo die Fianna lagerte, und Finn sah sie: »Diese Späne hat Dermot geschnitzt«, sagte er. »Aber nein«, sagten die Männer, die ihrem alten Freund nicht länger nachjagen wollten, »der ist längst tot oder über alle Berge.«

Doch Finn blieb dabei. »Die sind von ihm«, sagte er, »und jetzt, Männer, stoßt den Kriegsruf aus, denn Dermot hat geschworen, zu kommen, wenn er ihn hört.«

Als Dermot den Ruf hörte, sprang er auf. »Ich muss gehen«, sagte er zu Grainne. »O Dermot, geh nicht! Es ist ein Schrei, der lügt!«, rief Grainne.

Aber Dermot lief hinunter zum Strand, wo Finn schon auf ihn wartete. »Wie sehr verlangen meine Augen danach, dich zu sehen«, sagte er, »wie sehr verlangt mein Mund danach, dich zu grüßen, Dermot, tapferer Held, der sich mit meinem Weib davongeschlichen hat! Und wie sehr verlangt meine Hand danach, dich zu töten!«

Nun lebte dort in der Gegend eine alte Hexe, Mala Llee, das heißt »Graue Braue«, die besaß eine Schweineherde und einen giftigen Eber, der die Säue beschützte. Und noch keiner, der ausgezogen war, um den Eber zu jagen, war zurückgekommen.

»Bring mir zur Sühne den Eber aus Mala Llees Herde!«, sagte Finn zu Dermot, denn er brachte es nicht übers Herz, den Sohn seiner Schwester mit seinen eigenen Händen umzubringen – doch hoffte er, der Eber würde Dermot töten. Dermot spürte das Tier auf und jagte ihm nach, bergauf und bergab. Endlich stellte sich der Eber, ging auf Dermot los, zerknickte seinen Speer wie einen Strohhalm und warf ihn zu Boden; aber Dermot stieß ihm – schon am Boden liegend – das Schwert in den Leib und tötete ihn.

Finn war ihm mit seinen Männern gefolgt, und er sah, dass er seine Rache noch immer nicht bekommen hatte. Er sagte zu Dermot: »Gut, den Eber hast du getötet. Nun miss doch, wie viel Fuß seine Länge beträgt.« Er wusste nämlich, dass dessen Borsten giftige Stacheln waren.

Dermot zog einen Stiefel aus und maß das Tier vom Rüssel bis zur Ferse, also mit dem Strich, und keine Borste verletzte ihn: »Es sind sechzehn Fuß«, sagte er.

»Kaum zu glauben«, sagte Finn, »miss doch noch einmal nach, dass hinterher keiner sagen kann, wir würden übertreiben, und jetzt miss von hinten nach vorn.« Da maß Dermot den Eber gegen den Strich, eine Borste bohrte sich in seinen Fuß, und er fiel vergiftet zu Boden und lag da im Sterben, blass und schmerzverkrümmt. Finn aber lachte: »Jetzt, schönster Dermot, würde ich nur zu gern allen Frauen von Erin und Alba deinen Liebesfleck zeigen!«

»Das war keine Heldentat, das wird dir weder Ruhm noch Ehre bringen«, sagte Dermot mit schwacher Stimme. »Und denk daran, ich habe dir das Leben gerettet. Nicht nur ich bin in deiner Schuld, noch bist auch du in meiner Schuld!«

Da schlug Finns Stimmung um, sein Zorn verrauchte und Dermot tat ihm wieder Leid. »Ja, was kann ich denn noch für dich tun, Sohn meiner Schwester?«, fragte er.

»Ich weiß um deine Zauberkräfte«, sagte Dermot, »deine Hände können nicht nur töten, sondern auch heilen. Bekomme ich auch nur einen Schluck Wasser aus deinen Händen, so wird mir besser.«

Da ging Finn zu einer nahen Quelle und schöpfte zwei Hände voll Wasser. Doch auf dem Rückweg dachte er wieder an Grainne und an seine Schande, seine Fäuste ballten sich zusammen, und das Wasser rann ihm durch die Finger. So kam er mit leeren Händen zu dem Sterbenden zurück. Da wurden Oisin und Osgar und alle Männer der Fianna zornig, und sie beschimpften und bedrohten den Alten. »Was wollt ihr«, knurrte Finn, »niemand kann leugnen, dass er mir Weib und Ehre geraubt hat!«

»Es ist allein deine Schuld, wenn du alter Narr dir eine so junge Frau nehmen musst«, rief Osgar, »und nicht Dermot hat den kläglichen Vertrag gebrochen, sondern Grainne, und der ging's nicht um deine Ehre, sondern um die Liebe. Und nun geh' und hol' Wasser, Alter, oder ich hack' dir die Hände ab!«

Da ging Finn noch einmal zurück zur Quelle, und auf dem Hinweg dachte er an Dermot und weinte Tränen der Trauer. Doch auf dem Rückweg dachte er wieder an Grainne und weinte Tränen der Wut, seine Fäuste ballten sich und erneut rann das Wasser durch seine Finger. Und als er auf seine leeren Hände sah, war ihm wieder leid um Dermot, und er stand da, ganz unschlüssig, und wusste nicht vor noch zurück – und da war's zu spät: Dermot starb, und sein Todesschrei hallte weit übers Land.

Nun zogen die Männer bachaufwärts zu der Hütte, die Dermot gebaut hatte, und Grainne saß davor und wollte nicht länger fliehen. »Nun, hast du Dermots Todesschrei gehört?«, fragte Finn.

»Ja«, sagte Grainne.

»Ich hoffe, das war für dich der schlimmste Schrei, den du je gehört hast«, sagte Finn.

»Nein«, sagte Grainne, »schlimmer war für mich der Schrei des wilden Mannes, den Dermot durchbohrt hat, als er mich umarmte.«

Da verbarg Finn sein Gesicht. »O ihr Götter,« stöhnte er, »ich wollte, Dermot wäre noch am Leben!« Und dann packten sie Grainne, die blonde Tochter des Königs von Tara, die in ihrem

Leben nie einen Schritt geradeaus gegangen war, und verbrannten sie in einem Reisigbündel von grauem Eichenholz.

Und wie sie zurückkamen zu der Stelle, wo Dermot gestorben war, und ihn begraben wollten, da war sein Leichnam nirgends zu finden. Und es wird erzählt, Angus Og, der ewig junge Gott der Liebe, sei gekommen und habe Dermot in seinen Mantel gehüllt und ihn heimgeholt im roten Licht der untergehenden Sonne.

Nach-gedacht

Der Liebesfleck war Fluch, nicht Segen. Nun wissen wir es. Dermot scheitert an seiner eigenen Liebenswürdigkeit. Das ist in Märchen, Sagen und im Leben nicht so selten. Der Liebenswürdige, der sich nicht abgrenzen kann, der immer »ein lieber Junge« sein will, gerät in größte Gefahr. Im Märchen, etwa in dem reizenden isländischen Märchen vom Königssohn Ring und dem Hund Snati-Snati (z. B. bei H. Dickerhoff, Trau deiner Sehnsucht mehr als deiner Verzweiflung, 2003), wird der liebenswerte Held doch noch ein eigener Mensch und findet so sein Glück und die Hochzeit. In unserer Sage verstrickt sich Dermot ohne seine Schuld in einen tödlichen Konflikt.

Die Geschichte ist, wie fast alle großen Heldensagen, z. B. die Ilias oder das Nibelungenlied, radikal frauenfeindlich. Grainne, die »in ihren Leben nie einen Schritt geradeaus gegangen war«, ist Hexe in diesem Trauerspiel. Doch wenn ich die Geschichte heute erzähle, so kann ich diese Wertung nicht übernehmen. In mancher Hinsicht scheint mir Grainne als die wahre Heldin, die Einzige, die den Kampf für das Glück gegen das Schicksal aufnimmt. Aber denken wir der Erzählung und ihren einzelnen Szenen noch ein wenig nach:

Dermot ist der Neffe und Hauptmann des alt gewordenen Helden Finn. Dem will sein Sohn Oisin etwas Gutes tun, »eine neue Frau«, so bringt er den Stein ins Rollen. Niemand will Böses, doch wie unaufhaltsam verstricken sich alle in Missverständnisse und Widersprüche, selbst das gut Gemeinte hat böse Folgen. So liebt Cormac seine Tochter und will sie zu keiner Ehe zwingen, aber sie reden aneinander vorbei, jeder versteht den anderen so, wie er es möchte. Und dann ist der Vertrag zwischen dem Hochkönig und dem mächtigsten Kriegsherrn von Erin besiegelt, und sein Bruch würde Bürgerkrieg bedeuten.

Darum kann Grainne, als sie beim Fest in der Methalle von Tara ihren Irrtum erkennt, ihn nicht einfach aufklären. Sie ist erstarrt vor Verzweiflung – und dann fällt ihr Blick ganz ungewollt auf Dermots Liebesfleck. Unter dessen magischen Bann handelt sie ganz zielstrebig, aber Dermot, das »Objekt ihrer Begierde«, vereitelt den ersten Fluchtplan, Grainne wird die Frau des alten Finn.

Aber sie findet sich nicht ab mit ihren verpfuschten Leben, kann es wohl auch nicht unter dem Bann des Liebesflecks. Dermot ist – wie es scheint – völlig hilflos, Finn völlig ahnungslos, Grainne völlig skrupellos: Mit Drohungen, mit überlegenem Witz und endlich mit Erpressung setzt sie ihren Willen durch, Dermot muss mit ihr fortgehen.

Finn nimmt das nicht hin. Nirgends wird auch nur angedeutet, dass er seine Frau geliebt habe. Nicht der Verlust seiner Frau macht ihn rasend, sondern der Gesichtsverlust. Dermot hingegen ist noch immer loyal.

Das zeigt sich auch beim Schachspiel unter der Eberesche. Dermot kann nicht anders, er muss Finn helfen. Wie schlicht Finn und seine Heldenschar gegenüber Grainne erscheinen, zeigt sich, als sie wie eine Bande halbwüchsiger Kinder aus nichtigem Anlass aufeinander einschlagen, sich aber gleich auch wieder versöhnen.

Als die Fianna überfallen wird, folgt Dermot seinem Eid, kommt zu Hilfe und rettet Finns Leben und den Sieg. Finn aber zeigt sich unversöhnlich, er muss seine Ehre wiederherstellen und verliert doch nur den Respekt seiner Männer.

In Grainnes Höhle taucht plötzlich der wilde Mann auf, es wird nicht erzählt, woher und warum. Ist er die andere Seite des in seinem Ehrenkodex gefangenen Dermot? Dazu passt nicht recht, dass Dermot, von Grainne zutiefst gedemütigt, erst den »armen Wilden« erschlägt und dann endlich die Ehe seines Onkels bricht.

Aber die Lage ist verfahren. Dermot, der Hauptmann der Fianna, muss Holzschüsseln schnitzen, um zu überleben. Wieder spürt Finn ihn auf und überlistet ihn, indem er Dermots Bindung an den Ehrenkodex ausnutzt. Ein giftiger Eber soll das Todesurteil vollstrecken, aber Dermot ist im offenen Kampf nicht zu schlagen. Doch der große Held Finn überlistet seinen schlichten Neffen erneut, so dass der sich tödlich vergiftet.

Und dann folgt die für mich eindrucksvollste Szene. Finn, unbeherrscht und sprunghaft, tut es wieder Leid um Dermot, er holt heilendes Wasser – und lässt es wieder durch die Finger rinnen. Die Szene spricht für sich. Am Ende haben alle verloren: Dermot das Leben und Finn jeden Respekt seiner Männer, jenen Respekt, den er durch die Ermordung seines Neffen doch erhalten wollte. Und Grainne, die nun nicht mehr fortlaufen mag, nimmt Finn durch ihre Antwort – ob ernst gemeint oder nicht – auch noch den letzten Triumph. Er ist in jeder Hinsicht gescheitert. Und Grainnes grausame Hinrichtung macht nichts besser.

Der letzte Satz bringt noch einmal einen versöhnlichen Nachklang in die Tragödie. Dermot mit dem Liebesfleck, gesegnet und verflucht durch seine Liebenswürdigkeit, wird heimgeholt von Angus, der die Liebe selbst ist.

Gawain und der Grüne Ritter

*Auf die frühmittelalterlichen Sagen um Dermot folgen nun
hochmittelalterliche Märchen um Gawain. Die Geschichten
gehören zum Kreis der Erzählungen um Artus, dem beliebtesten Erzählstoff des abendländischen Mittelalters, sie sind aber
nicht in die kontinentale Hochliteratur eingegangen, sondern
haben als Balladen überlebt, in der englischen Verdichtung
»Sir Gawaine and the Green Knight« [vor 1400] und dem
noch älteren »Sir Gawaine and the Carl of Carlyle«.
Ich habe sie in Erzählungen zurückverwandelt.
Beide Geschichten um Gawain spielen zwar zum größten Teil
im schottisch-englischen Grenzgebiet, sie stammen aber eher
aus nordenglischen Traditionen. Weil sie aber – wie der ganze
Artus-Stoff – keltische Wurzeln haben, möchte ich sie mit aufnehmen und den Geschichten um Dermot an die Seite stellen.
Während aber Dermot ein tragischer Held ist, verstrickt in ein
unabwendbares Unglück, ist Gawain ein Märchenprinz, kein
Leichtfuß und Frauenheld wie bei Christian von Troyes, sondern der ideale Ritter. An seinem Abenteuer lässt sich ablesen,
was es heißt, »ritterlich« zu leben. Zugleich sind beide
Geschichten zutiefst christlich – nicht im dogmatischen
Sinne, sondern in der Beschreibung einer Lebenshaltung.
Auch bei dieser Geschichte empfiehlt sich zum
Gespräch eine Unterteilung.*

Es war an Silvester, und das alte Jahr neigte sich zum Sterben. Unheimlich war diese Zeit, und die Menschen rückten enger ums Feuer zusammen, denn in den Raunächten ging, wie jeder wusste, die Wilde Jagd um, und die Untoten waren los.

Nur in Camelot feierte König Artus mit den Rittern der Tafelrunde und ihren Damen fröhlich den Jahreswechsel: Die köstlichsten Speisen wurden aufgetischt, der Wein floss in Strömen, Musikanten spielten auf, und Gaukler zeigten ihre Kunst. Man schmauste und zechte, lachte und tanzte.

Da plötzlich wurde die große Tür der Halle aufgestoßen, und frostiger Winterwind fuhr durch den Saal. Auf der Schwelle stand ein riesenhafter Ritter, er war noch einen Kopf größer als der Größte von Artus' Männern. Grün war seine Rüstung, grün auch die mächtige Streitaxt in seiner Hand; fahlgrün wie helles Moos war selbst sein Gesicht, wie das eines Toten, der lange im Wasser gelegen hat.

Grußlos trat der Fremde in die Halle. »Allerorten rühmt man den Mut der Tafelrunde«, rief er, seine Stimme klang dröhnend und hohl zugleich, »nun bin ich gekommen, euren Mut zu erproben, ihr Herren! Ich schlage euch ein kleines Spiel vor. Wer von euch wagt es, mir mit dieser Axt den Kopf abzuschlagen? Freilich, wer das heute wagt, der muss morgen in einem Jahr zu mir kommen in die Grüne Kapelle und seinen Hals hinhalten. Und dann bin ich an der Reihe und habe einen Schlag frei!«

Totenstill war's da in der Halle. Keiner der Ritter verspürte Lust zu solch einem grausigen Spiel, betreten schauten sie zu Boden, und die Damen hielten den Atem an. Der Grüne lächelte verächtlich. Schon wollte König Artus selbst sich erheben, um die Ehre der Tafelrunde zu retten, da sprang Gawain, sein Neffe, auf. »Nein, mein König. Dies Abenteuer gehört mir!«

Gawain ging auf den Grünen zu und nahm ihm die schwere Streitaxt aus der Hand. Der kniete seelenruhig nieder und entblößte seinen Nacken. Gawain stand neben ihm, seine Hände umklammerten den Stiel der mächtigen Axt.

»Worauf wartet Ihr noch, junger Herr«, spottete der Grüne Ritter. »Hat Euch der Mut schon verlassen?«

Da hob Gawain langsam die Waffe, er holte aus und ließ die Axt mit aller Wucht auf den Nacken des Grünen niedersausen. Dessen Kopf fiel und rollte über die Binsen. Aber sprachlos vor Entsetzen sahen alle, wie der Geköpfte, dem das Blut aus dem Halsstumpf sprudelte, langsam aufstand, zu seinem Kopf ging und ihn an den Haaren hochhob. Seine Augen waren weit aufgerissen und die blutigen Lippen bewegten sich, als er sprach: »In einem Jahr in der Grünen Kapelle. Auf Wiedersehen, und vergesst Euer Versprechen nicht, junger Herr!« Dann stapfte er, den Kopf unterm Arm, lachend aus der Halle und verschwand in der Winternacht.

Gawain starrte ihm ungläubig nach, bis Artus ihm die Hand auf die Schulter legte. »Du hast dich auf ein seltsames Abenteuer eingelassen, lieber Neffe. Gebe Gott, dass es ein glückliches Ende nimmt!«

»Wovor sollte ich zittern«, rief Gawain, »einem Mann kann nicht mehr begegnen, als ihm bestimmt ist!« Aber er war blass bei diesen kühnen Worten.

Das neue Jahr verging. An Allerheiligen, als die dunkle Zeit begann, brach Gawain auf, um die Grüne Kapelle zu suchen. Als er vom König und der Tafelrunde Abschied nahm, wollten die Gefährten ihn trösten, und die Damen des Hofes klagten um ihn. Aber Gawain wollte nichts davon hören. »Einem Mann kann nicht mehr begegnen, als ihm bestimmt ist!«, rief er wieder, sprang auf sein Pferd und preschte davon.

Einsam ritt er nach Norden, auf schlammigen Wegen durch Wildnis und Winter. Aber wo er auch fragte, niemand wusste den Weg zur Grünen Kapelle. Also zog er weiter durch Regen und Schnee, Nässe und Kälte, nur seinen dunklen Ahnungen folgend. Am Weihnachtsabend hatte er sich in einen schwarzen Tannenwald verirrt, da betete er: »Herr Christus, der Du in dieser Nacht in unsere Welt gekommen bist, Maria, hohe Frau, Du Stern in der Dunkelheit und immer offene Tür zum Himmel. Ich bitte Euch: Weist mir den Weg zu einer Unterkunft, dass ich Euer Fest noch einmal feiern kann.«

Und wie er aufblickte, fand er sich unversehens vor einer mächtigen Burg mitten in der Einöde. Der Burgherr, ein riesenhafter

Mann, hieß ihn freundlich willkommen; noch herzlicher begrüßte ihn seine wunderschöne Frau, ihr Name war Melvina. Und als sie von Grund und Ziel seiner Reise hörten, sagte der Burgherr: »Die Grüne Kapelle liegt in einem kleinen Tal ganz in der Nähe, in wenigen Stunden könnt Ihr sie erreichen. Darum bleibt die letzten Tage des Jahres bei uns und seid unser Gast.«

Und Gawain blieb. Er bezauberte und ließ sich bezaubern. Gern schenkte er diese letzten Tage des Jahres und wohl auch seines Lebens dem gastfreundlichen Burgherrn und der reizenden Melvina. Als sie vier Tage vor dem Jahresende abends am Kamin beim Glühwein saßen, sagte der Burgherr: »Ich will morgen hinaus auf die Jagd, seid so gut, Herr Gawain, und bleibt zu Melvinas Schutz in der Burg.« Gawain war das recht, da rief der Burgherr gut gelaunt: »Schließen wir einen Pakt! Alles, was ich draußen jage, das soll Euch gehören. Und alles, was Ihr hier drinnen erbeutet, das gehört mir!« Und lachend stießen sie darauf an.

Am nächsten Morgen zog der Burgherr mit seinem Jagdgefolge los, und Gawain verbrachte einen heiteren Tag an Melvinas Seite. Als es Abend wurde, sagte sie zu ihm: »Ach, Herr Gawain, Ihr müsst mich wohl sehr hässlich finden!«

»Aber nein! Wie kommt Ihr darauf?«, rief Gawain ganz erschrocken.

»Noch nie«, sagte sie, »hat ein Ritter den Tag mit mir verbracht, ohne mich um einen Kuss zu bitten.«

»Dann bitte auch ich um diese Gunst«, sagte Gawain lächelnd, und da küsste sie ihn sanft auf die Wange.

Bald darauf kam der Burgherr heim und breitete seine Beute vor Gawain aus: Hirsche und Rehe, Hasen und Schnepfen: »Das alles gehört Euch!«

»Habt Dank!«, sagte Gawain, dann gab er dem Burgherrn einen Kuss auf die Wange.

Der lachte leise: »Viel habt Ihr ja nicht erbeutet, lieber Freund!«

Auch am nächsten Tag ging der Burgherr auf die Jagd, und Gawain blieb bei Melvina. Als es dunkel wurde, nahm sie ihn bei der Hand und zog ihn in eine Nische: »Ach, Herr Gawain«, klagte sie, »Ihr mögt mich nicht, warum sonst wollt Ihr keinen Kuss von mir? Oder gehört Euer Herz schon einer anderen?« Nein, meinte Gawain, sein Herz sei noch frei. Und da küsste sie ihn zärtlich auf beide Wangen.

Der Burgherr brachte am Abend einen riesigen Eber heim, und Gawain gab ihm zwei Küsse, auf jede Wange einen.

Auch am dritten, dem Silvestertag, brach der Burgherr mit seinen Männern in aller Frühe auf, Gawain lag noch im Bett. Da ging leise die Tür seiner Kammer auf, Melvina schlüpfte hinein und setzte sich auf die Bettkante:

»Küss mich, mein schöner Ritter«, flüsterte sie, »und halt' mich fest! Vielleicht bist du morgen schon tot und kannst nie wieder eine Frau umarmen.«

Gawain sah das Verlangen in ihren Augen, und er spürte das seine, doch er widerstand: »Vergebt mir, wenn ich Euch zurückweise«, sagte er, »aber es wäre ein schlechter Lohn für die Gastfreundschaft Eures Mannes. Und gerade wenn ich morgen sterben muss, will ich nicht noch heute meine Ehre verlieren und ehrlos enden!«

»Nein, ehrlos bist du nicht, Gawain«, seufzte Melvina da, »wohl aber herzlos!« Sie zog einen schmalen Goldring von ihrem Finger: »Nimm diesen Ring, er wird dich an meine Liebe erinnern!«

»Nein, das kann ich nicht«, rief Gawain, »ein Ring ist wie ein Versprechen, doch ich kann weder Eure Liebe annehmen noch Euch meine Liebe versprechen.«

Da zog Melvina aus ihrem Mieder ein grünes Band. »Wenn du meine Liebe nicht willst und nicht meinen Ring, so nimm diesen Gürtel. Er kann dein Leben retten. Auf ihm liegt ein Zauber, wer ihn trägt, wird unverwundbar.« Sie drückte Gawain das Band in die Hand, küsste ihn dreimal voll Leidenschaft auf die Lippen und lief aus dem Zimmer.

Erst spät in der Nacht kam der Burgherr heim, missmutig warf er einen räudigen mageren Fuchs auf den Boden. »Das ist die ganze Beute eines langen Tages«, knurrte er.

Da gab Gawain ihm drei Küsse. »Seht Ihr, Eure Beute wird magerer von Tag zu Tag, und meine wird mehr und mehr!« Doch von dem Gürtel in seiner Tasche sagte er nichts.

Am Neujahrsmorgen nahm Gawain Abschied von seinen Gastgebern; er sah Melvina kaum an, doch ihren Gürtel, den trug er. Ein Knappe brachte ihn zum Tal der Grünen Kapelle. »Kehrt um, Herr Gawain«, sagte der Junge, »solang' Ihr noch könnt. Noch keiner ist aus diesem Tal zurückgekommen. Reitet heim und vergesst den Grünen Ritter. Ich werd' es gewiss keinem Menschen verraten!«

Aber Gawain schüttelte traurig lächelnd den Kopf und ritt allein weiter. Das Tal wurde immer enger und tiefer, es war unheimlich still. Im Talgrund fand er ein Gewölbe, halb zerfallen und ganz überwuchert vom Grün. Gawain stieg vom Pferd – niemand war zu sehen. Da hörte er über sich am Hügelhang ein Schrillen und Schleifen: Jemand schärft eine Axt. »Ich, Gawain, Ritter der Tafelrunde, bin gekommen, mein Versprechen einzulösen«, ruft er.

»Wartet!«, hallt es zurück, erneut schrillt die Axt auf dem Schleifstein. Dann plötzlich steht der Grüne Ritter neben ihm, die Streitaxt in der Hand. Schweigend kniet Gawain nieder und beugt seinen Nacken. Seine Lippen formen lautlos ein Gebet: » ...bitte für uns Sünder jetzt und in der Stunde unseres Todes!«, dann saust die Axt herab, aber Gawain zuckt zusammen, und der Hieb geht vorbei.

»Herr Gawain, Ihr seid ein Feigling!«, spottet der Grüne Ritter.

»Ihr habt gut reden«, sagt Gawain, »ich kann meinen Kopf nicht aufheben und gehen. Aber seid gewiss, ich weiche Euch wieder nicht aus!«

Erneut hebt der Grüne die Streitaxt, zum zweiten Mal saust sie herab, diesmal rührt Gawain sich nicht, aber der Grüne reißt die Axt im letzten Augenblick hoch. »Ja, das war schon besser«, sagt er, »aber jetzt nehmt noch diese Kappe ab, die Artus Euch schenkte, und beugt Euch etwas tiefer, dass ich gut treffen kann.«

»Schlagt endlich zu«, stößt Gawain hervor, »und macht dem bösen Spiel ein Ende!«

»Also gut, jetzt sollt Ihr bekommen, was Euch zusteht!«

Zum dritten Mal lässt der Grüne die Streitaxt niedersausen, diesmal trifft er, aber die Schneide streift nur Gawains Hals und zieht einen feinen blutigen Strich durch seine Haut. Da springt Gawain auf und zieht sein Schwert: »Genug ist genug – Ihr habt Euren Schlag gehabt, wir sind quitt. Wenn Ihr noch einmal zuschlagen wollt, so müsst Ihr kämpfen!«

Doch der andere lehnt sich gelassen auf seine Axt und lächelt. »Nicht so hitzig, junger Herr. Ihr habt den Schlag bekommen, der Euch gebührt, mehr will ich nicht von Euch. Zweimal habe ich nur zum Schein zugeschlagen, denn zweimal habt Ihr Euer Wort gehalten und mir zurückgegeben, was meine Frau Euch schenkte. Beim dritten Mal aber habt Ihr ein wenig gefehlt, und dafür habe ich Euch gezeichnet. Denn Ihr tragt den Gürtel, den Melvina Euch gab. Ich weiß um alles, was zwischen Euch war, denn ich habe sie zu Euch geschickt mit all den Küssen und Versuchungen. Doch Ihr, Herr Gawain, seid unter den Rittern wie eine Perle unter weißen Erbsen. Euren Mut und Eure Ehre wollte ich erproben, und Ihr habt die Prüfung bestanden, wenn auch nicht ganz ohne Fehler. Doch habt Ihr nicht aus Bosheit oder Lust gefehlt, sondern weil Ihr Euer Leben liebt. Und wer sollte Euch dafür tadeln.«

Aber Gawain steht da blutrot vor Scham. »Schande über mich!«, sagt er. »Furcht und Verlangen haben mich ehrlos gemacht!«

Er bindet den Gürtel ab und reicht ihn dem Grünen Ritter, doch der will ihn nicht zurück: »Behaltet den Gürtel – nicht weil er Zauberkraft hätte, sondern zur Erinnerung. Und nun kommt, seid noch einmal mein Gast.«

Gawain lehnte die Einladung ab, aber den Gürtel, den behielt er. Und er knotete ihn an seinen Arm zur Erinnerung an seine Schwäche. Dann eilte er heim nach Süden, und er traf den König schon in Carlisle, denn der war ihm mit dem ganzen Hof nach Norden entgegengezogen. Und Gawain erzählte dem König und den Gefährten von seinem Abenteuer und von seinem Versagen. Aber keiner tadelte ihn deswegen, vielmehr drückte Artus ihn an sein Herz. »Du hast einen großen Sieg errungen!«, sagte er. Und die Ritter der Tafelrunde beschlossen, von nun an auch ein grünes Band zu tragen zum Zeichen und zur Erinnerung, dass keiner, auch nicht der beste Ritter, ohne Schwäche ist.

Nach-gedacht

Die Raunächte, die längsten Nächte zwischen Weihnachten und Dreikönig (6. Januar), wenn es im Norden Europas kaum hell wird, sind in den Märchen und Sagen des Nordens die Zeit, in der die Gestalten der Finsternis los sind: die Wilde Jagd, die Untoten, all das, was nicht sterben, was keine Ruhe finden kann.

Und eine solche Gestalt, ein riesiger Ritter, grün wie in vielen Märchen der Teufel, bricht ein in die abgeschlossene Welt der Großen Herren am Königshof und fordert sie heraus – und die Großen Herren werden sehr kleinlaut.

Schließlich stellt sich Gawain, der Neffe des Königs, vor Artus und nimmt die Herausforderung an. Da im mittelalterlichen Adel ein Junge meist mit sieben Jahren zum ältesten Bruder der Mutter kam, um zum Ritter erzogen zu werden, war die Beziehung zwischen Onkel und Neffe besonders eng, oft enger als das durch Erbfolgefragen belastete Verhältnis zwischen Vater und Sohn.

Eine ähnlich provokative »Kopf-ab-Wette« wird auch – viele Jahrhunderte vorher – dem irischen Helden Cuchullain angetragen, und der legt seinen Kopf furchtlos auf den Hauklotz – der Tod ist nun einmal Kriegerlos. Gawain hingegen, das macht ihn mir lieb, ist gar nicht wohl in seiner Haut. Warum aber nimmt er die Wette an? Es geht um die Ehre! Nun ist Ehre ein vieldeutiger Begriff, oft missbraucht und heute kaum noch in Gebrauch. Ehre kann geradezu Gegenteiliges bedeuten: Es kann mein Ansehen bei den anderen meinen, mein Image, mein Prestige – so ist das wohl bei Finn, der nicht aus Liebe, sondern aus gekränkter Ehre Grainne verfolgt. Aber es kann auch Selbstachtung bedeuten, gerade nicht das, was andere von mir halten. Und meine Selbstachtung kann verlangen, dass ich eine Herausforderung annehme, ohne die Frage, was ich davon habe, ja sogar ohne die Frage, ob ich dem gewachsen bin. Denn diese Ehre nimmt keinen Schaden, wenn ein anderer mich besiegt, besser ist als ich, sie nimmt Schaden, wenn ich mir selbst nicht treu bin, wenn ich – so der aus dem Rittertum stammende große mittelalterliche Lehrer und Mystiker Meister Eckart – wie ein Kaufmann lebe. Das soll heißen, nur mit der Frage: Was hab' ich davon? Gawain hingegen verkörpert jene ritterliche und »adlige« Haltung, die Meister Eckart beschrieb als Leben »sunder warumbe«, »ohne warum«, ohne jene Lebens-Berechnung, die aus dem Leben ein Geschäft macht.

Wer ist der Grüne Ritter? Sein Geheimnis wird nicht gelüftet. Mich aber erinnert er an den Tod, und dessen Herausforderung muss ich annehmen!

Gawain löst die Wette ein, er sucht weder Hilfe noch eine List, er sucht die Grüne Kapelle und gelangt am Weihnachtstag, mit Beginn der Raunächte, an ein geheimnisvolles Schloss, einen riesenhaften Burgherrn und an seine schöne Frau. Die Geschichte spielt noch einmal die alte Frage durch, was ich denn tun würde, wenn ich nur noch sehr begrenzte Zeit, hier drei Tage, zu leben hätte.

Noch einmal lässt sich Gawain auf eine seltsame Wette ein, und die schöne Melvina bietet Gawain noch letzte Lebens- und Liebesfreuden an, aber er widersteht, so schwer es ihm fällt; er will, gerade wenn er sterben muss, nicht seine Ehre verspielen.

Und spätestens hier ist klar, dass Ehre für Gawain nicht eine Frage der Außendarstellung und -wahrnehmung ist – wer sollte von der Liebesstunde mit Melvina schon erfahren –, sondern eine Frage der eigenen Stimmigkeit.

Und doch kann Gawain seinem eigenen Ehrenkodex nicht ganz entsprechen – er behält den erbeuteten Gürtel, der ihm vielleicht das Leben retten könnte.

In der Schluss-Szene erweist sich unsere Erzählung dann nicht als tragische Sage, sondern als Sagenmärchen mit hoffnungsvoller Botschaft. Gawain wird vom Grünen Ritter gelobt für seinen Mut und seine Ehre, er könnte nun ruhmbedeckt heimkehren nach Camelot als glücklicher Held.

Aber so märchenhaft einfach endet die Geschichte doch nicht. Sie gipfelt für mich im überraschenden Schluss-Satz. Gawain macht öffentlich, dass er – nach seinen Maßstäben, nicht nach denen des Grünen Ritters – versagt hat, und die anderen Ritter reagieren auf die einzig angemessene Weise mit dem »grünen Band der Sympathie« – keiner wirft den ersten Stein.

Dass eigene Schwäche eingestanden werden darf, dass Versagen vergebbar ist, dass wir alle mit einem grünen Band leben müssen und dürfen und nur so leben können, das macht die Geschichte für mich zutiefst christlich. Gerade das Wissen um die eigene Begrenztheit und die daraus erwachsende Vergebungsbereitschaft fehlt ja in der Geschichte von Finn, Dermot und Grainne. Ein Leben ohne grünes Band aber wird, da bin ich sicher, immer tragisch enden.

Gawain aber ist ein Königssohn, einer, der um seine unsichtbare Krone, seine Würde, weiß. Und wohl nur derjenige, der weiß, dass er eine solche Krone trägt, wird sein grünes Band zu tragen wissen. Gawain hat so viel innere Stärke – Ehre nennt das unsere Geschichte –, dass er seine Schwächen weder beschönigen noch verdrängen muss. »Du hast einen großen Sieg errungen«, sagt Artus zu Recht, den wichtigsten und schwersten Sieg, den über sich selbst.

Eines fehlt Gawain allerdings noch, um die Tragik der Sagen hinter sich zu lassen: die Liebe. Zwar erscheint die Frau nicht als Hexe, Melvina ist nicht Grainne, aber sie ist doch vor allem Gefahr und Versuchung. Wie Gawain zum märchenhaften Glück der Hochzeit findet und zur wirklichen Versöhnung mit dem Weiblichen, das erzählt die folgende Geschichte.

Gawain und der Wunsch der Frauen

*Gawain mit dem grünen Band muss nicht den erfolgreichen
Macher spielen, das haben wir schon gehört oder gelesen.
Wie er sein Glück bei den Frauen findet, erzählt diese
Geschichte, die nun eindeutig märchenartig ist.
Ich habe sie wieder nach einer aus dem späten Mittelalter
überlieferten Ballade erzählt, nach der um 1450 sicher
ältere Quellen verarbeitenden englischen Versdichtung
»The weddynge of Sir Gawen and Lady Ragnell«.
Der letzte Satz dieser Fassung ist aber wohl nicht
mittelalterlich. Wieder habe ich das Märchen
in drei Abschnitte unterteilt.*

Es war in jenem Winter, als Gawain auf der Suche nach der Grünen Kapelle war. Schon lange hatte man in Camelot nichts mehr von ihm gehört, und König Artus, der seinen Neffen liebte wie einen eigenen Sohn, war so in Sorge um ihn, dass er ihm mit dem ganzen Hof nach Norden nachzog. Zu Weihnachten war der König in Carlisle, und täglich schwärmten seine Ritter aus, aber sie konnten keine Spur von Gawain entdecken. Am Neujahrsmorgen, als Gawain dem Grünen Ritter den Hals hinhalten musste, hielt der König es nicht mehr aus im Schloss von Carlisle; er ließ sein Pferd satteln und ritt auch hinaus, ganz allein, ohne Wache und ohne Waffe. Ziellos streifte er durch den Wald von Inglewood und kam zu den gefrorenen Wassern der Meeresbucht von Tarn Wadling.

Da brach aus dem Gebüsch hinter ihm ein wilder Mann, hässlich und missgestaltet, aber riesengroß und mit einer eisernen Keule bewaffnet. Er riss den überraschten König vom Pferd. »Gefangen, gefangen, ich habe einen König gefangen«, grölte er und lachte dabei wie toll, »ha, das Jahr fängt gut an für Gromer Somer Joure!«

»Sei vernünftig, Mann, und lass mich los!«, sagte der König, »meine Ritter werden mich suchen, und wenn sie dich finden, dann ist es um dich geschehen. Lass mich gehn, ich bin auch bereit, ein Lösegeld zu zahlen.«

Der Riese grinste tückisch. »Ja, darüber lässt sich reden. Aber ich will kein Gold von Euch. Ich werde Euch eine Frage stellen, und die Antwort darauf soll das Lösegeld sein. Versprecht, in drei Tagen wieder hierher zu kommen. Habt Ihr dann die richtige Antwort gefunden, so seid Ihr frei. Wenn nicht, so bleibt Ihr für alle Zeit der Gefangene von Gromer Somer Joure! Einverstanden?«

Der König nickte düster: »Ich gebe dir mein Wort darauf! Ich werde in drei Tagen wieder hier sein, mit Antwort oder ohne.«

»Gut, gut!«, knurrte der Riese. »Und nun meine Frage: Was wünschen sich die Frauen mehr als alles andere? Findet es heraus, sonst habt Ihr ausgespielt, und ich sperre Euch für den Rest Eurer Tage in ein Felsenloch, da könnt Ihr Asseln essen, und an Gründonnerstag bringe ich Euch ein wenig trockenes Moos. Und Euer Reich, Eure Tafelrunde und Eure schöne Königin, die müssen ohne Euch auskommen!«

Dann drehte Gromer Somer Joure sich um und verschwand zwischen den Bäumen. Nur sein Lachen klang dem König noch lange in den Ohren.

Nachdenklich ritt Artus zurück. »Was wünschen sich die Frauen denn mehr als alles andere?«, überlegte er schon auf dem Weg. Tausend Dinge fielen ihm ein, aber nichts davon schien wirklich passend zu sein.

Zwei Tage darauf kam Gawain zurück von seinem Abenteuer. Der König war so froh, ihn wiederzusehen, doch Gawain spürte trotz aller Freude, dass etwas den König bedrückte. Und schließlich erzählte Artus seinem Neffen von Gromer Somer Joure und dessen Frage, die er am nächsten Tag beantworten musste.

»Habt Ihr die Königin denn schon gefragt?«, wollte Gawain wissen.

»Ach nein«, meinte Artus, »was soll sie auch schon dazu sagen? Neue Kleider? Schmuck? Ein großes Haus?«

»Vielleicht habt Ihr recht«, meinte Gawain, »dann sollten wir Männer die Sache heute Abend unter uns besprechen.« Das taten sie, und als der König am nächsten Morgen nach Tarn Wadling aufbrach, da hatten ihm seine Ritter nicht eine, sondern neunundachtzig Antworten mitgegeben; doch die richtige, fürchtete er, war nicht dabei.

Am Wegesrand saß auf einem Baumstumpf zwischen einer kahlen Eiche und einer Stechpalme mit leuchtend roten Beeren eine Frau, ob alt oder jung, war nicht zu sagen, so hässlich sah sie aus. Sie schielte, ihr Mund stand schief, die Nase war lang und krumm, die Haare dünn und wirr. Doch sie trug ein kostbares Seidenkleid, rot wie die Beeren, und ihre Stimme klang angenehm, warm und tief, als sie den König freundlich grüßte. Artus starrte sie an, sprachlos über so viel Hässlichkeit. »Dass ich hässlich bin, Herr König«, sagte die Frau, »gibt Euch nicht das Recht, unhöflich zu sein. Und Ihr tut gut daran, mir ein paar freundliche Worte zu gönnen, denn ich bin die Schwester von Gromer Somer Joure und kann Euch die Antwort geben, nach der Ihr verzweifelt sucht!«

»Ach Herrin«, rief der König, »dafür wäre ich Euch ja ein Leben lang dankbar!«

Sie lächelte. »Eure Dankbarkeit ist mir nicht genug. Ich will schon etwas mehr für meine Hilfe haben.«

»Dann sagt, was Ihr wollt, Ihr sollt es bekommen. Wenn Ihr mir nur die Antwort sagt!«

»Euer Neffe Gawain, König, ist bekannt für seine Tapferkeit und Treue, er ist edel, freundlich und höflich, wie ich gehört habe, und sieht auch noch gut aus. Gebt mir Gawain zum Mann, und Ihr bekommt die Antwort!«

»Da verlangt Ihr mehr, als ich geben kann,« sagte der König, »Ihr habt selbst gesagt, wie anziehend Gawain ist, viele schöne und reiche Damen würden mit Freude seine Frau, und es ist allein seine

Sache, welche er einmal wählen wird. Meint Ihr, da wollte er gerade Euch?!«

»Das weiß ich nicht«, die Dame lächelte wieder, »aber Ihr habt versprochen, mir jede Bitte zu erfüllen. Sollte König Artus wortbrüchig werden?«

»Herrin«, sagte der König, »Ihr müsst doch einsehen: Ein Versprechen, das ich gebe, kann keinen anderen binden.«

»Aber Gawain liebt Euch, er wird tun, um was Ihr ihn bittet; er wird für Euer Versprechen einstehen.«

»Nein, das will ich nicht von ihm verlangen, auch wenn es mich meine Freiheit kostet!«

»Dann brecht Euer Wort, das Ihr einer Dame gegeben habt«, sagte die Fremde in dem roten Kleid. »Reitet weiter. Ihr werdet es noch bitter bereuen. Denn im Felsenloch von Tarn Wadling wird Euch nicht nur Kälte, Hunger und Einsamkeit quälen, sondern auch die Schande, wortbrüchig geworden zu sein!«

»Hört zu, ich mache Euch einen letzten Vorschlag«, rief der König, »ich werde Gawain zu Euch bringen, und wenn er dann will, wird er Euer Mann. Aber ich werde ihn zu nichts zwingen, er muss sich frei entscheiden können. Wollt Ihr mir dafür die Antwort sagen? Ich kann nur hoffen, dass Ihr die richtige wisst!«

»Ja, damit bin ich ganz zufrieden«, sagte die rote Dame, »Gawain ist ein Mann von Ehre, er wird die Schuld begleichen, ob es seine ist oder die Eure.«

Und dann verriet sie Artus die Antwort, und der ritt weiter zum gefrorenen Strand von Tarn Wadling, wo das Eis blau im Sonnenlicht glitzerte.

Der Riese wartete schon auf ihn. »Willkommen, willkommen, mein König«, rief er, »na, welche Antwort habt Ihr mitgebracht?«

Und Artus sagte, was ihm die rote Dame verraten hatte. Da brüllte der Riese vor Wut, dass die Bäume zitterten, rasend vor Zorn schlug er mit seiner Keule auf die Büsche ein und zerstampfte den Boden. »Das habt Ihr von meiner Schwester«, schrie er, »dieses schiefnasige, triefäugige Klatschmaul. Wenn ich die mannstolle Hexe erwische, dann dreh' ich ihr den Hals um!«

Da aber zog Artus sein Schwert Excalibur, denn diesmal war er gut gerüstet, und Gromer Somer Joure war trotz seiner Wut klug genug, schnell im Wald zu verschwinden. So ritt der König heim, frei, aber tief betrübt über den Preis, den er für seine Freiheit zahlen musste.

Im Schloss begrüßten seine Ritter ihn mit lautem Jubel, alle wollten wissen, ob ihre Antwort die richtige gewesen sei. Aber Artus schüttelte nur finster den Kopf, setzte sich stumm vor den großen Kamin in der Halle und starrte in die Flammen. Gawain setzte sich zu ihm. »Was fehlt Euch, mein König?«, fragte er.

Artus hob den Kopf und sah ihn an: Er war so jung und schön und voll Leben. Den König schauderte. »Ich traf im Wald die Schwester des Riesen, eine Dame in einem kostbaren roten Kleid, selbst aber hässlich wie die Nacht, die hat mir die Antwort verraten!«

»Und was verlangt sie dafür?«, fragte Gawain. »Sagt es mir, sorge dafür, dass sie ihren Lohn bekommt!«

Doch Artus brachte die ganze Wahrheit noch immer nicht über die Lippen: »Sie will einen meiner Ritter zum Mann«, sagte er leise und starrte wieder ins Feuer.

»Dann soll sie einen bekommen, lieber Onkel!«, lachte Gawain. »Das Wichtigste ist doch, dass Ihr wieder bei uns seid!«

Am nächsten Morgen ritt der König mit all seinen Rittern in den Wald von Inglewood, zur Jagd, wie er sagte, nur er selbst und Gawain wussten den wahren Grund. Auf dem Baumstumpf zwischen der kahlen Eiche und der Stechpalme mit den roten Beeren saß in ihrem roten Kleid die hässliche Dame. »Seid gegrüßt, König Artus«, rief sie ihnen zu, »und auch Ihr, edle Ritter!«

Alle zügelten die Pferde und starrten sie an, so wie auch Artus sie beim ersten Mal angestarrt hatte, keiner hatte je eine hässlichere Frau gesehen. »Du lieber Himmel«, flüsterte Sir Kaye, der Hofmarschall, »ein Kuss von ihr muss die höchste der Wonnen sein! Und diese Augen! Wenn eins dich anschaut, sucht das andere schon den Nächsten! Ich habe keine Wahl: Beim nächsten Turnier muss sie meine Dame sein!« Die Männer lachten, doch Gawain brachte sie zum Schweigen: »Das ist nicht lustig, Herr Kaye, ich bitte Euch, seid still und verspottet diese Dame nicht, denn der König hat ihr versprochen, dass einer von uns sie heiraten wird.«

Da wurden die Ritter sehr still, einige mussten ihren Hunden nach, andere hatten etwas im Schloss vergessen, wieder andere hatten Gawain wohl gar nicht gehört, pfiffen ein kleines Liedchen und verschwanden zwischen den Büschen. Schließlich war noch Gawain bei Artus geblieben, und der König starrte stumm auf den Hals seines Pferdes. Gawain seufzte leise, dann aber schwang er sich aus dem Sattel. »Niemand soll denken, dass König Artus sein Versprechen nicht hält«, sagte er.

Er kniete vor der roten Dame nieder und küsste ihre Hand: »Herrin, ich kenne Euren Namen nicht, aber ich bitte Euch: werdet meine Frau!«

Ihr schiefer Mund lächelte: »Dazu sag' ich gerne Ja, und mein Name ist Ragnell.«

Da setzte Gawain sie vor sich auf sein Pferd und ritt mit ihr zurück ins Schloss von Carlisle, und dort wurde noch am gleichen Tag die Hochzeit gefeiert. Der König sorgte dafür, dass es dabei an Pracht und Prunk nicht fehlte, und doch kam keine rechte Festtagsfreude auf; denn wenn auch alle dem Brautpaar Glück und Segen wünschten und keiner mehr die Braut zu verspotten wagte, insgeheim tat Gawain allen Leid.

Spät am Abend führte man das Brautpaar dann ins Brautgemach, die Tür wurde hinter ihnen geschlossen, und sie waren zum ersten Mal allein. »Das ist unser Hochzeitstag, Herr Gawain«, sagte Ragnell, »und Ihr habt mir noch keinen Kuss gegeben, ja, mich nicht einmal angeschaut. Bin ich so unerträglich hässlich?«

Gawain zwang sich, ihr ins Gesicht zu sehen. »Gott bewahre, so etwas dürft Ihr nicht denken.«

»Dann küss mich!«, forderte sie.

Gawain ging auf sie zu und umarmte sie, er schloss die Augen und küsste ihre Lippen. Aber ihr Mund kam ihm dabei gar nicht so schief vor. Und als er die Augen wieder öffnete, da lag in seinen Armen die schönste junge Dame, die er je gesehen hatte.

»Erlöst!«, jubelte sie und lachte über sein verblüfftes Gesicht, »jetzt hast du den halben Fluch gebrochen, mit dem mich meine Stiefmutter verwünscht hat. Nun darf ich die halbe Zeit meine Schönheit behalten, am Tag oder in der Nacht. Also entscheide, soll ich am Tag, im Sonnenlicht vor allen Leuten, oder nachts im Mondschein in unserer Kammer eine alte Hexe sein?«

»Das ist schwer,« sagte Gawain, der auch gar nicht wusste, wie ihm geschah. »Aber ich glaube, lieber hätte ich deine Schönheit nachts für mich allein.«

Sie wandte sich ein wenig ab. »Und tagsüber soll ich mich verstecken? Darf ich mich nie erhobenen Hauptes unter den anderen Damen zeigen? Muss ich immer ertragen, wie die Männer über mich lachen – mir ins Gesicht oder hinter meinem Rücken? Wie sich meine Hässlichkeit in ihrem Abscheu spiegelt?«

»Verzeih, Liebste«, sagte Gawain, »ich habe nicht genug darüber nachgedacht. Entscheide Du. Wie du es willst, so soll es sein!«

Da fiel sie ihm um den Hals und küsste ihn wieder und wieder: »Jetzt hast du den ganzen Fluch gebrochen, und ich darf immer schön sein wie du mich jetzt siehst. Denn du hast mir geschenkt, was jede Frau sich mehr als alles andere wünscht: ihren eigenen freien Willen. Das war auch die Antwort, die Artus meinem Bruder gab, der nun davon erlöst ist, der Schrecken von Tarn Wadling zu sein!«

Ja, und dann wurde es doch noch eine fröhliche Hochzeitsnacht, und am Morgen führte Gawain eine strahlend schöne Braut aus der Kammer, und dann wurde noch einmal gefeiert, und diesmal mit ganzem Herzen!

(Und ihre Ehe war lang und glücklich, und nur ganz selten fragte Gawain sich, was denn mit seinem eigenen Willen wäre.)

Nach-gedacht

In dieser Geschichte verbinden sich eine Reihe typischer Märchenmotive mit einem doch wieder ganz originellen Gedanken über den Wunsch der Frauen.

Der König gerät in eine Zwangslage, aus der er sich nur retten kann, wenn er ein Rätsel löst – eine typische Ausgangslage. Artus findet die Lösung nicht, auch nicht in der Beratung mit seinen Männern, und Gawains Vorschlag, die Königin zu fragen, tut er als sinnlos ab. Artus macht keine gute Figur in dieser Geschichte. Natürlich kann ihm nur eine Frau die richtige Antwort verraten. Diese ist aber abgrundtief hässlich und verlangt als Lohn Gawain zum Mann. Üblicherweise sind in Märchen die Rollen anders verteilt. Das Biest, das die Schöne verlangt, ist männlich. Hier sind die üblichen Rollen vertauscht.

Der König gibt endlich ein Versprechen unter Vorbehalt, Gawain soll sich frei entscheiden können, aber die hässliche Dame verlässt sich auf Gawains Ehrenhaftigkeit, »er wird die Schuld begleichen, ob es seine ist oder Eure.«

Genau das tut Gawain nach der schönen Szene im Wald auch, aber er ist mehr als unglücklich. Doch – märchenhaft – verwandelt sich die Unholde beim ersten Kuss in eine wunderschöne junge Dame.

Nun verlässt die Geschichte noch einmal den märchentypischen Verlauf, nach dem Kuss, der liebevollen Zuwendung, lässt Gawain Ragnell nun auch ihre Entscheidungsfreiheit, »ihren eigenen freien Willen«. Im englischen Text heißt es noch schöner, aber ins Deutsche nicht übersetzbar, »sovereignty«, Herrschaft über sich selbst, Selbstbestimmung, Souveränität. Aber Fremdworte und abstrakte Begriffe passen nicht in ein Märchen.

Kaum eine Gruppe errät während des Erzählens diesen Wunsch der Frauen, Schönheit wird oft vermutet, Liebe, ein Kind. Kann die hier gegebene Antwort überhaupt mittelalterlich sein? Klingt sie nicht sehr modern und emanzipiert?

Die Geschichten von Gawain sind »formative Ethik«, hier wird in einer Erzählung eine Haltung vorgestellt und den Zuhörern ans Herz gelegt. Und in der Ritterethik (die natürlich nicht die Ethik der Mehrzahl der real existierenden Ritter war, sondern ein Ideal) ist die Minne ein Schlüsselbegriff, und zur Minne (aber nicht nur zu ihr) gehört der Respekt vor der Freiheit des Schwächeren. Der wirklich edle, königliche Mensch ist König über sich, beherrscht sich, darum will er nicht Macht über andere. Und der Respekt vor der Freiheit des anderen ist die höchste Form der Selbst-Beherrschung, des königlichen Lebens.

Vielleicht darf man hinter der Geschichte sogar noch einen »spirituellen« Gedanken sehen. Das Ritterideal war wohl – zumindest in der katholischen Tradition – der einzige durch und durch christlich verstandene Lebensentwurf von Laien, der also weder von Klerikern oder Mönchen vorgegeben oder abgeschaut noch »antiklerikal« entwickelt wurde als Gegenmodell. Und während in den klerikalen Lebensidealen ein starker Zug zur Weltabkehr vorherrschte, war die ritterliche Haltung weltzugewandt.

In vielen mittelalterlichen Kirchen sieht man wie ein Warnschild die »Frau Welt«: von vorn attraktiv anzusehen, von hinten aber bereits verfault, verwest, von Würmern zerfressen – ein Leitbild der Weltskepsis. Lass dich nicht täuschen von der vorgeblichen Schönheit der Welt, warnt das Bild. Liegt in unserem Märchen ein Gegenbild? Küsse die Welt, und du wirst hinter ihre Hässlichkeit schauen! »Wenn die so singen oder küssen, mehr als die Tiefgelehrten wissen«, dichtete zu Beginn der Romantik Friedrich von Hardenberg, genannt Novalis, der dem Mittelalter als Ideal nachträumte und nachtrauerte.

Mir sind die Gawain-Geschichten besonders ans Herz gewachsen. Lebe mit dem grünen Band, weil dir das deine Würde nicht nimmt, im Gegenteil. Und lebe mit Respekt vor der Freiheit derer, die schwächer scheinen! Ich übe noch.

Legenden vom Menschenfischer

Den Ausklang dieses Buches bilden zwei Legenden, die der schottische Schriftsteller, Dichter und Literaturkritiker William Sharp (1855-1905) aufgezeichnet hat, allerdings unter dem erst nach seinem Tod enthüllten weiblichen Pseudonym Fiona MacLeod (seit 1893). Wie bei Geschichten von Ella Young ist oft kaum zu entscheiden, wo Sharp alte Überlieferungen aufgenommen hat und wo er im Stil der Spätromantik neu verdichtete. Aber viele Erzählungen gehen nachweislich auf ältere schottische Sagen zurück, und unstrittig scheint mir, dass der Stil und die Bildersprache Fiona MacLeods sehr keltisch sind. Die Legenden um den Menschenfischer, um die geheimnisvolle Gegenwart Jesu (schottisch: Josa) wiederholen spiegelbildlich die Themen der Voraus-Geschichten: Auch hier geht es um die Begegnung mit dem Tod und um die Geschichte des Lebens. Während aber die Voraus-Geschichten ihren Hinter-Sinn augenzwinkernd und mit makaberem Humor verbergen, machen mich die Legenden vom Menschenfischer eher weinen als lachen. Und doch finde ich sie ganz und gar nicht trostlos, sondern traumhaft und traurig-schön und voll Mystik im besten Sinne.

Der Menschenfischer

*Diese Erzählung nach einer schottischen Legende kann man
nur sehr selten vortragen. Die Geschichte braucht Zeit, braucht
Zuhörer, die eine Erzählung, die nicht von der Handlung lebt,
sondern von ihrer Atmosphäre, wie im Traum begleiten können, und zudem offen sind für religiöse Fragen und Bilder.
Auch darf man diese Erzählung nicht unterbrechen, man muss
ihren Zauber ungeteilt wirken lassen, und im Grunde kann
man hinterher auch kaum darüber sprechen – man muss
die Bilder in Ruhe nachklingen lassen.
Zur Aussprache: NicLeoid = Neckleut (nic = Tochter);
MhicLeod = MeckLaud (mhic = Enkel); Ruadh = ru (rot).*

Es war Hochsommer, die Sonne hatte den ganzen Tag geschienen, und doch war der Bergwind eisig. Eine Frau, sie war weiß von Jahren, ging vom Bach in der Schlucht, wo die Weiden wuchsen, hinauf zu ihrer Kate und setzte sich vor das Torffeuer.

Die Kate lag am Südhang eines Berges. Andere Hügel erstreckten sich ringsum wie grüne, mitten im Sturm erstarrte Wellen. Stille herrschte hier immer und immer. Wohl schäumte ein Wasserfall ins Tal; hin und wieder stürzte ein Stein die Hügel hinunter, bis er hängen blieb im Ginster oder Wacholder; auch kreischte der Adler, wenn er sich gegen den Wind hinaufkämpfte zu seinem Felsenhorst; die Weihe schrie über dem Kaninchenbau im Tal, der Hügelfuchs bellte, die Brachschnepfe klagte, da und dort blökte ein Schaf. Doch all diese Laute waren nur die Diener des Schweigens.

Die Torfhütte war der einzige Ort in diesem stillen Tal, wo blauer Rauch zum Himmel aufstieg; der nächste Weiler hinter der Hügelkette war mehr als drei Meilen entfernt. Und in dieser einsamen Hütte lebte die Frau, ihr Name war Sheen NicLeoid, mit ihrem Sohn Alasdair. Alasdair Og, der »junge Alasdair«, so nannte man ihn, obwohl die grauen Füße von fünfzig Jahren seine Haare gezeichnet hatten. Der junge Alasdair hatte er geheißen, solange sein Vater, Alasdair Ruadh MacChalum MhicLeod, noch lebte. Aber auch als der alte Alasdair gestorben war und Sheen NicLeoid als leidgeprüfte Frau zurückließ, blieb ihr Sohn »der junge Alasdair«.

Nun saß sie, obwohl draußen die Nachmittagssonne leuchtete, vor dem Torffeuer und starrte in die rote Glut. So saß sie noch, als Alasdair gegen Abend die Kühe in den Stall trieb, so saß sie noch, als sein Schatten vor ihr über den Fußboden flackerte.

Alasdair war ein hoch gewachsener starker Mann mit krausem schwarzen Bart und wilden Bergaugen unter buschigen Brauen. Doch zärtlich sah er auf seine Mutter herab. »Arme alte Frau«, dachte er, »ihr Herz ist müde. Ja, die Wochen lecken ihren Schatten auf, wie man so sagt. Sie wandert wohl in Gedanken mit dem, der nicht mehr da ist, durch vergangene Tage. Es wird bitter sein, wenn ich nicht mehr über ihr graues Haar streichen kann. Still ist es hier, schrecklich still, weiß Gott; wie soll ich das, wenn sie zuletzt im weißen Schlaf liegt, ertragen ohne ihre Stimme?«

Alasdair seufzte leise, das hörte die Alte, aber sie sah sich nicht um. »Mutter, bist du müde bei diesem schönen Wetter?«, fragte Alasdair.

Nun blickte sie auf. »Ach, mein Kind. Gut, dass du da bist, ich bin wieder so unruhig.«

»Warum bist du denn unruhig, meine Liebe?«

Aber die alte Frau starrte nur stumm ins Feuer. Alasdair setzte sich neben sie, auch er schaute schweigend in die rote Glut. Warum war es nur so unruhig und dunkel in ihrem lieben Herzen? Endlich stand er auf, goss kochendes Wasser auf den Tee in der braunen Kanne und legte braunes Brot auf das rohe Fichtenbrett, das ihnen als Tisch diente. »Komm, liebes müdes altes Herz«, sagte Alasdair, »lass uns danken.« Er nahm das braune Brot. »O Gott«, sagte er leise, so wie er in der Kirche sprach, wenn Brot und Wein ausgeteilt wurden, »o Gott, gib Deinen Segen und nimm unsern

Dank. Und gib uns Frieden.« Und da war Frieden in den kummervollen alten Augen seiner Mutter.

Sie aßen schweigend. Nur die große Uhr über dem Bett tickte, und ein Torfstück zischte im Herd. Die Dunkelheit war still und warm und voll Frieden.

Nach dem Essen setzten sie sich wieder ans Feuer. Der Abend schimmerte rot über den Hügeln im Westen. »Also, was ist mit dir?«, fragte Alasdair und legte seine große rote Hand auf ihr Knie. Sie sah ihn kurz an und wandte sich wieder ab: »Die Füchse haben ihre Höhlen«, sagte sie, »und die Vögel des Himmels ihre Nester, aber der Menschensohn hat nichts, wo er sein Haupt betten könnte.«

»Was meinst du damit? Was willst du damit sagen?«

»Ach, mein Kind«, sagte Sheen mit schwacher Stimme, »alt bin ich, müder werd' ich jeden Tag, und die Stunde meiner Stunden ist nah. In der letzten Nacht rief vor dem Fenster eine Stimme nach mir, die war süß wie ein Wiegenlied. Dann schlief ich wieder ein und träumte, Erde wäre auf meiner Brust und weiße Maßliebchen wuchsen in meinen Augenhöhlen. Und beim Erwachen hörte ich eine Glocke läuten, und du weißt, dass es in diesem Tal noch nie eine Kirchenglocke gab.«

Alasdair schwieg. Was konnte er dazu auch sagen? Gott schickt das Dunkel über die Wolke, und es gibt Regen; Gott schickt das Dunkel über die Hügel, und es kommt Nebel; Gott schickt das Dunkel über die Sonne, und es wird Winter; und Gott schickt das Dunkel über die Seele, und sie verlässt diese Welt. Die Schwalbe weiß, wann sie nach Süden fliehen muss vor dem Todesweber am Pol; der wilde Schwan weiß, wann es hinter der Sonne nach Schnee riecht; der einsame Lachs im Teich hört den Ruf der Tiefsee, seine Zunge lechzt nach Salz, und er weiß, seine Zeit ist gekommen. Die werdende Mutter weiß um das Leben in ihrem Schoß, noch ehe es sich regt. Wie sollte da die Seele nicht wissen, wann ihre Zeit gekommen ist – sie, die Gottes Sohn zum Bruder hat und gekleidet ist in Licht, ist doch mehr als Lachs und Schwalbe und Schwan. Was sollte er sagen zu der Frau, die seine

Mutter war und weiß von Alter und in das Herz sehen konnte mit ihren alten weisen Augen? Gott löscht nicht aus im dunklen Grabesschoß, was Er im dunklen Mutterschoß entzündet hat, dachte Alaisdair bei sich, dann fragte er: »Aber was willst du sagen mit dem von den Füchsen und den Vögeln und dem Menschensohn?«

»Ja, Alasdair, mein Sohn, den ich vor langer Zeit gebar und den ich bald verlassen muss, das will ich dir erzählen.« Sheen lehnte sich zurück in ihrem Stuhl. Die Torfglut wärmte das matte Grau, das unter ihren geschlossenen Augen lauerte, um ihren Mund und in den eingefallenen Wangen. Alasdair rückte näher und streichelte sanft ihre rechte Hand. Wie verwelkt und zerbrechlich sie war.

»Ich ging hinunter zum Bach«, sagte sie, »da sah ich im Farnkraut ein verwundetes Rehkitz mit großen traurigen Augen, Augen wie die von Maisie, dem armen Mädchen, das im Wochenbett gestorben ist. Aber was konnte ich tun? Ich ging weiter zum Bach. Am Ufer stand ein Mann, hager und müde sah er aus, seine Kleider waren ärmlich und abgetragen. Er hatte Kummer. Als er den Kopf hob und mich anschaute, sah ich Tränen in seinen Augen. Dunkle, wundervolle Augen waren das. Sein Gesicht war blass, nicht rötlich wie das der Hochländer, und sein Blick ging nicht in die Ferne, sondern nach innen. Aber er war ein schöner Mann, seine Hände waren weiß und schmal wie die der Lady aus dem Herrenhaus im Tal; auch seine Stimme klang ähnlich wie ihre, sanft – und freundlich und traurig zugleich. Ich dachte: Er kommt aus dem Flachland im Süden, und sprach ihn auf Englisch an. Aber er antwortete in gutem Gälisch.

›Suchen Sie den Weg ins Tal?‹, fragte ich ihn. ›Oder möchten Sie mit hinaufkommen zu dem Haus da drüben, wenn's auch nur eine arme Hütte ist, und einen Schluck Milch trinken und etwas ausruhn?‹

›Hab' Dank für deine Worte‹, sagte er, ›sie sind so gut, als hätte ich die Rast und den Trank bekommen. Aber ich folge dem fließenden Wasser hier.‹

›Wollen Sie fischen?‹, fragte ich.

›Ja, ich bin ein Fischer‹, sagte er leise, und es klang seltsam traurig. Er trug keinen Hut, durch die Zweige einer Eberesche fiel Licht auf sein langes Haar. Er trug das Mitleid mit den Armen in seinen wundervollen kummervollen Augen.

›Sie können auch bei uns übernachten‹, sagte ich, ›wenn Sie hier fremd sind, und ich glaube, das sind Sie. Denn ich habe Sie nie zuvor in unseren Tälern gesehen.‹

›Ja, ich bin ein Fremder‹, sagte er, ›und habe keine Heimat. Und der Weg zu meines Vaters Haus ist weit.‹

›Reden wir nicht davon, wenn Sie nicht wollen‹, sagte ich, denn ich spürte die Traurigkeit hinter seinen Worten. ›Aber freuen würde ich mich, wenn Sie mir Ihren Namen nennen wollen.‹

›Ich werde MacIntyre genannt‹, sagte er mit dem ruhigen tiefen Blick, der ihm eigen war, dann nickte er mir noch einmal zu und ging gedankenverloren seines Weges. Und ich ging mit schwerem Herzen heim durch das Farnkraut. Und da war wieder das Rehkitz, und es war geheilt, Alasdair, geheilt, und rief fröhlich nach seiner Mutter, die stand oben auf dem Felsen und starrte in die Schlucht hinab, dem fremden Fischer nach.

Und dann kam eine schöne Frau den Hang hinunter, und Tränen standen in ihren Augen. ›Oh‹, rief sie, ›haben Sie einen Mann diesen Weg gehen sehen?‹

›Ja gewiss‹, sagte ich, ›aber was für ein Mann soll das sein?‹

›Er wird MacIntyre genannt‹, sagte sie leise.

›Nun, viele Männer werden so genannt, MacIntyre, Sohn des Zimmermanns. Wie mag sein eigener Name lauten?‹

›Josa‹, flüsterte sie mit tränenerstickter Stimme und flocht ganz in Gedanken die Zweige eines Dornstrauchs zu einem Kranz oder einer Krone.

›Und wer sind Sie, arme Frau?‹, fragte ich.

Aber sie antwortete nicht. ›Mein Sohn, o mein Sohn‹, schluchzte sie, verbarg ihr Gesicht in der Schürze und ging hinab in die Schlucht zu den Weiden.

Nun, Alasdair, mein Sohn, was denkst du, wen ich da am Ufer und am Hang getroffen habe? Wer, glaubst du, war der fremde

Fischer? Wer die schöne Frau? Ich jedenfalls habe mich ans Torffeuer gesetzt und meine Seele hat sich in sich selbst versenkt. Und nun weiß ich, was das alles zu bedeuten hat.«

»Nun, nun, meine Liebe, du bist übermüdet, ruh' dich ein wenig aus. Du hast es ja selbst gesagt: Es gibt viele Männer, die MacIntyre heißen.« Alasdair stand auf und legte noch ein paar Torfstücke aufs Feuer. Doch als er sich wieder zu seiner Mutter umdrehte, schrie er auf: Ihr Gesicht war so weiß wie ihr Haar, kein Blutstropfen war mehr darin, und die alten trüben Augen glänzten wie Eis.

Er nahm ihre Hand, sie war kalt wie Ton, er ließ sie los, sie fiel schlaff herab.

»O mein Gott«, flüsterte er voll Furcht und bittrem grauen Schmerz.

Da klopfte es an der Tür. »Wer ist da?«, rief Alasdair heiser.

»Mach' auf und lass mich herein.«

Es war eine leise, gute Stimme, aber das war nicht die Stunde für ein freundliches Willkommen. »Geht, und geht in Frieden, wer immer Ihr seid. Aber geht weiter. Hier ist der Tod.«

»Mach' auf und lass mich herein!«

Da drückte Alasdair die Klinke herunter, schwankend wie ein Schilfrohr im Wind. Ein schlanker schöner Mann, schlecht gekleidet und müde, blass und mit träumenden Augen, trat ein.

»Gottes Segen über dieses Haus«, sagte er, »und über alle, die hier sind.«

»Das Gleiche über Sie«, sagte Alasdair, »aber wer, vergeben Sie die Frage, sind Sie?«

»Ich werde MacIntyre genannt, und Josa ist mein Name.«

»Das ist ein guter Name. Aber ist es auch Gutes, was Sie hier draußen suchen, mitten in der Nacht?«

»Ich bin ein Fischer.«

»Ja, da hat man allerdings nachts zu tun. Aber würden Sie wohl für mich ins Tal zum Pfarrer gehn und ihm sagen, die alte Sheen NicLeoid, die Frau des Alasdair Ruadh, ist tot.«

»Ich weiß das, Alasdair Og.«

»So? Und wie können Sie das wissen, das und meinen Namen dazu, Sie, der Sie MacIntyre genannt werden?«

»Ich traf auf meinem Weg hierher die weiße Seele der Sheen. Sie ging hinunter zum Bach in der Schlucht, wo die Weiden wachsen, und sie sang dabei ein frohes Lied. Grüne Jugend war in ihren Augen, und ein Mann hielt ihre Hand, das war Alasdair Ruadh.«

Da fiel Alasdair auf die Knie. Als er wieder aufblickte, war niemand mehr da. Doch durch die Dunkelheit draußen vor der Tür leuchtete hell ein Stern, dessen Licht pulsierte wie der Pulsschlag seines Herzens.

Nach drei Tagen wurde Sheen NicLeoid unter den grünen Rasen gelegt. Vorher fand Alasdair keinen Schlaf, nachts wanderte er ruhelos durch die Schlucht der Weiden. Und in der Ferne sah er einen Mann, einen Fischer, der beugte sich immer und immer wieder übers Wasser und zog etwas heraus. Manchmal sah er nur wie ein Schatten aus, doch Alasdair erkannte ihn: Es war der Mann, der sich Josa MacIntyre nannte.

Doch in der Nacht nach Sheens Beerdigung kam Alasdair dem Fischer ganz nah. »Mein Herr und mein Gott«, sagte er leise und mit tiefer Ehrfurcht in seinen staunenden Augen, »mein Herr und mein Gott.«

Da sah der Mann ihn an. »Bei Tag und bei Nacht, Alasdair MacAlasdair«, sagte er, »bei Tag und bei Nacht fische ich in den Wassern dieser Welt, in den Wassern der Traurigkeit und den Wassern der Sorgen und den Wassern der Verzweiflung, und fische die Seelen der Lebenden aus dieser Flut. Du wirst mich nicht mehr wiedersehen in dieser Welt, aber ich sage dir: Geh hin in Frieden. Geh hin in Frieden, du Seele eines guten Mannes, denn du hast den Menschenfischer gesehen.«

Nach-gedacht

Die alte Sheen haspelt ihr Leben nicht ab, sie weiß um ihre Zeit, sie erkennt den Besucher, aber sie geht mit einem Lied und an der

Hand des Mannes, den sie liebt. Für mich klingt die Geschichte nicht literarisch konstruiert, sondern gesättigt mit Erfahrung und Weisheit. Auch widerspricht ihre tiefe, ja mystische Frömmigkeit jener Haltung, die William Sharp bewusst propagierte: Er war, so das Lexikon, Anhänger einer »neokeltischen Naturmystik«, und viele seiner Erzählungen kritisieren das Christentum als Abwendung von altkeltischer Naturnähe und Tapferkeit. Aber ganz gleich, ob die Geschichte vom Menschenfischer eine alte Volkserzählung oder eine neuere Dichtung ist, in meiner Biografie hat sie einen festen Platz.

Als ich diese Legende entdeckte, hat sie mich gleich fasziniert, und ich habe sie mir zu eigen gemacht. Aber ich wusste nicht, ob ich sie je anderen erzählen könnte. Dann war ich mit einem Märchenseminar in Schottland, wir wanderten am Morgen vom Loch Lomond zu einem benachbarten See, ich blieb mit einer Dame aus Italien zurück und wir nahmen angeregt miteinander schweigend die faszinierende Landschaft in uns auf. Und mir schien, so müsse das Tal aussehen, in dem die alte Sheen lebte und starb.

Am Abend habe ich die Legende zum ersten Mal erzählt. Hinterher kam eine bekannte Erzählerin zu mir und fragte mich, ob meine Mutter, der ich sehr nahe stand, gestorben sei. Ich verneinte und dachte, ich müsse mich wohl gut hineinverstanden haben in den jungen Alasdair. Drei Tage später erfuhr ich, dass meine Mutter wirklich an gerade jenem Tag gestorben war; meine Familie hatte mich nicht benachrichtigt, weil ich doch nicht rechtzeitig an ihr Sterbebett hätte zurückkommen können.

War das Zufall? Ahnte ich mehr, als ich wusste? Ich weiß es nicht. Aber die Legende vom Menschenfischer ist mir als Teil meiner eigenen Geschichte teuer und ein Trost. Und sie erzählt mir, wie Dostojewskis Großinquisitor, von der bleibenden Gegenwart des Menschensohnes, der nicht – wie viele glauben, fürchten und lehren – der Kommandant und Antreiber verkrümmter Galeerensklaven ist, sondern der, der die Seelen der Lebenden immer neu herauszieht aus der dunklen Flut der Verzweiflung und uns in Frieden gehen lässt.

Das Abendmahl

*Auch die Legende »Das Abendmahl« habe ich in einem
Buch von Fiona MacLeod gefunden, einem Buch mit dem faszinierenden Titel »Das Reich der Träume«.
Die Erzählung ist im Stil und in ihrer Surrealität der
vorhergehenden Legende vom Menschenfischer verwandt
und erfordert die gleichen Erzählbedingungen.
Zur Bedeutung keltischer Namen:
lennavan-mo = mein Kind; MacDhee = Sohn Gottes.*

Von Elben, Hexen und teuflischem Spuk hat man überall in Schottland erzählt; denn seinem kargen strengen Christentum galt alles Dunkle und Traumhafte als böse. Nur wo der alte keltische Christenglaube überlebte, auf den Inseln und im Hochland des Westens, fand man im Unbegreiflichen mehr Trost als Schrecken. Dort erzählte man von der »Wäscherin an der Furt«; wer die Wäscherin Leichenhemden waschen sah, der wusste, die eigene Todesstunde war nicht weit; und doch war die Wäscherin kein Schreckgespenst, sondern eine Erscheinung der gütigen Gottesmutter Maria, andere sagen, der Maria Magdalena. Und eine andere Traum- und Trostgestalt war der Menschenfischer, und manche sahen ihn, wie er bei Tag und bei Nacht die Seelen der Menschen aus den Wassern dieser Welt zog, aus den Wassern der Traurigkeit und der Verzweiflung.

Arthur MacArthur, der Sohn der Mary Gilchrist, der später unter dem Namen Ian Mor von den Hügeln ein großer gälischer Dichter und Sänger wurde, war der letzte, der erzählte, dass er den Menschenfischer gesehen habe. »Und an jenem Abend meiner Kindheit«, sagte er, »fiel ein Mondstrahl auf das düstere Meer meiner Seele und versank darin und erfüllte es mit Licht für alle Tage meines Lebens.« Und seit jenem Abend war Ian Mors Seele voll Musik, so wie eine Muschel das Rauschen der Tiefsee bewahrt.

Wenn Ian Mor vom Menschenfischer erzählte, so war er selbst nicht sicher, ob er ihn vor sich gesehen hatte oder in sich, in seiner Seele. »Doch das ist auch nicht wichtig«, sagte er, »denn ich weiß, dass ich dieses Licht nicht vergessen werde, bis das schweigende Gras über meinen Augen ist.«

Und dies ist die Geschichte des Knaben Arthur MacArthur, der ein Dichter und Sänger wurde, weil der Menschenfischer ihn auf die Augen küsste:

Bitter sind die Tränen der Kinder, in ihnen ist mehr Leid als in unseren leeren Worten. Ich hatte mich im Wald verlaufen an jenem fernen Tag meiner Kindheit; einsam und verloren warf ich mich schluchzend ins Farnkraut unten am Ufer des Bachs, der durch die Schattenschlucht fließt. Der Wind pfiff in den Bäumen, das braune Wasser gluckerte, es raschelte im Gras: all das war mir vertraut – doch an jenem Abend war's voller Schrecken. Wildes Volk lauerte im Schatten. Wenn es dunkel wird, dachte ich, werden mich ich weiß nicht was für Ungeheuer verschlingen. Suchte Mutter denn gar nicht nach mir?

Da hörte ich jemanden kommen, aber es waren nicht die Schritte meiner Mutter. Voll Angst unterdrückte ich mein Schluchzen und starrte ins grüne Dämmerlicht. Ich sah einen Mann, hoch und hager und müde, langes Haar fiel ihm ins Gesicht. Er war blass wie eine Hütte im Moor, auf die das Mondlicht fällt, und seine Stimme war leise und sanft. Als ich in seine Augen sah, verlor ich alle Furcht. Ich sah den Mutter-Blick in ihren grauen Schatten.

»Bist du es, Art, lennavan-mo, mein Kind?«, fragte er. Ich nickte, und er beugte sich zu mir und hob mich auf, und ich hatte nicht länger Tränen in den Augen. »Hörst du etwas, mein Kleiner?«, flüsterte er.

Ich lauschte angestrengt: »Ich weiß nicht, kommt von dort hinten im Wald Musik?« Ja, jetzt hörte ich es genau, jemand spielte auf der Feadan, der Hafer-Flöte, es klang wie im Traum, traurig und schön. Callum Dall, der Pfeifer, konnte nicht besser spielen, und Callum war ein siebter Sohn und im Mondschein geboren.

»Willst du mit mir kommen, kleiner Art, in dieser Nacht der Nächte?«, fragte der Mann, und seine Lippen streiften meine Stirn.

»Das will ich gewiss«, sagte ich noch, dann schlief ich ein auf seinen Armen.

Als ich wieder erwachte, waren wir in der Jägerhütte am Ende der Schattenschlucht. Drinnen war ein langer roh behauener Tisch, Becher standen darauf, ein großer Krug mit Milch, ein Teller mit Haferfladen und ein braunes Roggenbrot.

»Art, kleiner Art«, fragte der, der mich trug, »weißt du jetzt, wer ich bin?«

»Du bist ein Fürst«, sagte ich scheu.

»Du sagst es, mein Lieber, und Fürst des Friedens werde ich genannt.«

»Und wer soll all das hier essen?«, fragte ich.

»Das ist das Abendmahl«, sagte der Fürst, so leise, ich konnte es kaum verstehen, »denn ich sterbe täglich, und immer, eh' ich sterbe, brechen die Zwölf das Brot mit mir.«

Und da entdeckte ich sechs Schalen auf der einen Seite des Tisches und sechs auf der anderen.

»Wie ist dein Name, Fürst?«, wagte ich zu fragen.

»Josa.«

»Hast du sonst keinen Namen? Wie heißt dein Vater?«

»Ich werde Josa MacDhee genannt.«

»Und in dieser Hütte wohnst du, Fürst?«

»Ja. Aber Art, mein Kleiner, ich will deine Augen küssen, und du sollst sehen, wer mit mir isst.« Und dann küsste der Fürst, der Josa genannt wird, meine Augen, und das ist der Grund, warum meine Seele nie trostlos war all die langen Jahre meiner Jahre.

Denn was ich sah, war seltsam und wunderbar. Zwölf Männer saßen um jenen Tisch, alle schauten Josa an mit Augen voller Liebe. Aber sie waren ganz anders als all die Männer, die ich kannte: hoch und schön und schrecklich wie ein Morgen in der einsamen Wildnis. Sie schienen mir in einen Nebel aus Licht gehüllt, und ihre Augen leuchteten wie Sterne. Nur einer war im Dunkeln, und ein Schatten lag auf ihm und in seinen wilden Augen.

Doch bevor die Zwölf das Brot brachen oder den Löffel in die Suppenschale tauchten, legte jeder von ihnen drei Weberschiffchen vor sich auf den Tisch. Lange betrachtete ich die seltsame Gesellschaft, aber Josa hielt mich im Arm, und so spürte ich keine Furcht.

»Weißt du, wer diese Männer sind?«, fragte er.

»Die Söhne Gottes!«, sagte ich, ohne zu wissen, was ich sagte, ich war ja nur ein Kind.

Er aber lächelte. »Seht nur«, sagte er zu den Männern am Tisch, »dieser Kleine ist weiser als der Weiseste von euch.«

Da lächelten auch sie – nur der nicht, der im Schatten war. Er sah mich an, seine Augen waren wie zwei grundlose schwarze Bergseen, schwarz wegen all der Schrecken, die darin hausen, und wegen all der Ertrunkenen.

»Wer sind diese Männer?«, fragte jetzt auch ich, voll Ehrfurcht vor ihrem Geheimnis.

»Es sind die Zwölf Weber, liebes Kind.«

»Und was weben sie?«

»Sie weben für meinen Vater, und das Netz, das mein Vater webt, das bin ich!« Da schaute ich den Fürsten an, aber ich konnte kein Netz entdecken.

»Bist du nicht Josa, der Fürst?«

»Ich bin das Netz des Lebens, Art, lennavan-mo, mein Kind.«

»Und was sind das für Weberschiffchen, die vor jedem Weber liegen?«, fragte ich weiter, denn meine Kinderaugen sahen, dass diese Weberschiffchen ein lebendiges Wunder waren, immer dieselben und doch nicht einen Augenblick gleich.

»Man nennt sie«, sagte der Fürst, »die Schönheit und das Wunder und das Geheimnis!«

Und dann setzte Josa MacDhee sich und sprach mit den Zwölfen. Und ich konnte mich nicht satt sehen an ihnen, so schön waren sie, außer dem einen, der schräg blickte aus dunklen Augen. Und am liebsten sah ich die beiden, die an Josas Seite saßen.

»Er wird ein Träumer sein unter den Menschen«, sagte der Fürst zu ihnen, »also sagt ihm, wer ihr seid.«

Da schaute mich der an, der zu Josas Rechten saß, und ich lehnte mich an ihn und lachte leise vor Freude über das Strahlen seiner Augen und sein leuchtendes Haar und sein Kleid, das eine himmelblaue Flamme war.

»Ich bin der Weber der Freude«, sagte er, und dann nahm er seine drei Weberschiffchen, die Schönheit genannt werden und Wunder und Geheimnis, und webte etwas, das niemals stirbt, und es ging hinaus aus der Hütte in die grüne Welt und sang ein hinreißend schönes Lied.

Dann schaute mich der an, der links saß neben Josa, dem Leben, und mein Herz hüpfte. Auch sein Haar leuchtete, aber die Farbe seiner Augen war nicht zu erkennen, solcher Glanz war in ihnen. »Ich bin der Weber der Liebe«, sagte er, »ich sitze an Josas Herz.«

Und auch er nahm die drei Weberschiffchen Schönheit, Wunder, Geheimnis, und webte etwas, das niemals stirbt, und es ging hinaus aus der Hütte in die grüne Welt und sang ein hinreißend schönes Lied. Schon damals, obwohl noch ein Kind, wollte ich keinen anderen mehr anschauen, denn wer sollte schöner sein als der Weber der Freude und der Weber der Liebe?

Doch eine seltsam-süße Stimme sang in meinen Ohren, und eine kühle Hand strich sanft über meine Stirn. Und der, dessen Stimme so zärtlich sang, flüsterte: »Ich bin der Weber des Schlafs und der Träume!« Und der Stolze mit der kühlen Hand sprach: »Ich bin der Weber des Todes.« Und in den Augen des Traum-Webers sah ich auch die Freude, und der Weber des Todes schien mir wie der der Liebe. Und beide nahmen ihre Weberschiffchen Schönheit, Wunder, Geheimnis und webten etwas, das niemals stirbt. Und ich sah, was sie hineinwebten in die grüne Welt: Ein Schweigen mit Sternenaugen webte der Weber des Schlafs, ein warmes Dunkel mit einem Herzen aus Glut webte der Weber des Todes.

Da hörte ich die zwei anderen Stimmen: Sie waren wie das Lachen des Windes im Korn und wie der goldene Glanz auf den Ähren. Und der eine stand auf und sagte: »Ich bin der Weber der

Leidenschaft!«, und als er sprach, dachte ich, das ist Liebe und Freude und Tod, und ich streckte meine Hände nach ihm aus. »Kraft will ich dir geben«, sagte er, und er umarmte und küsste mich. Und als mich Josa wieder auf seine Knie nahm, sah ich, wie der Weber der Leidenschaft sich zu dem weißen Glanz an seiner Seite wandte; und Josa flüsterte mir zu, der sei das Geheimnis dieser Welt, und genannt werde er »der Weber der Aufrichtigkeit«. Und die beiden nahmen ihre Weberschiffchen Schönheit, Wunder, Geheimnis und webten etwas, das niemals stirbt, und sie schickten es hinaus aus der Hütte in die grüne Welt, um dort für immer in die Ohren der Menschen ein hinreißend schönes Lied zu singen.

»O Josa!«, rief ich, »gewiss sind all die hier deine Brüder, denn in ihren Augen brennt das weiße Feuer, das ich in deinem Herzen sehe.«

Aber ehe er Antwort geben konnte, war der ganze Raum erfüllt mit Musik, und ihr Klang ist nie ganz aus meinen Ohren verschwunden. Und ich spürte, diese Musik war der Atem des siebten und achten, des neunten und zehnten dieser zwölf sternenäugigen Diener Josas. Und ihre Namen waren: Weber des Lachens und Weber der Tränen, Weber des Gebetes und Weber des Friedens.

Und jeder stand auf und küsste mich. »Wir werden mit dir sein, kleiner Art, bis ans Ende«, sagten sie, und ich ergriff des einen Hand und rief: »Und sei auch mit meiner Mutter!«

»Ich werde mit ihr sein«, flüsterte er, » bis ans Ende!« – und es war der Weber der Tränen.

Und er webte die Seele aller Tränen, und als sie hinausging aus der Hütte, um ihr hinreißend schönes Lied zu singen, da dachte ich, es sei die Stimme meiner Mutter, und ich musste weinen. Da wandte die schöne Gestalt sich um und winkte mir zu. »Niemals bin ich fern von dir, kleiner Art«, seufzte sie wie Sommerregen, der auf die Blätter fällt, »aber jetzt kehre ich heim in das Herz der Frauen.«

Nun waren mir nur noch zwei von den Zwölfen unbekannt. Und ich wurde wieder froh, als ich den einen ansah, der unverwandt auf Josa, das Leben, blickte. Und dabei webte er einen leuchtenden Regenbogen, dessen Strahlen erfüllte die ganze Hütte, so dass selbst der düstere Zwölfte die Augen hob und lächelte. »Wie heißt du?«, rief ich und streckte meine Arme nach ihm aus. Aber er hörte mich nicht, webte Regenbogen um Regenbogen und schickte sie hinaus in die grüne Welt, dass sie für immer und ewig den Menschen vor Augen seien.

»Das ist der Weber der Hoffnung«, sagte Josa, »er ist die Seele von jedem, der hier ist.«

Dann wandte ich mich an den letzten, den Zwölften: »Und wer bist du, Herr mit den Schattenaugen?« Doch er gab keine Antwort, und Schweigen breitete sich aus in der Hütte. Und alle, angefangen vom Weber der Freude bis zum Weber des Friedens, senkten die Augen und verstummten. Nur der Weber der Hoffnung webte einen Regenbogen, der trieb bis ins Herz des einsamen dunklen Webers. »Wer mag das sein, Josa MacDhee?«, flüsterte ich.

»Antworte dem Kind«, sagte Josa, und seine Stimme klang traurig.

Da sprach der zwölfte Weber: »Ich bin der Weber der Macht und Herrlichkeit …«, begann er, aber Josa blickte ihn an, und er sprach nicht weiter.

»Art, kleiner Art«, sagte der Fürst des Friedens, »er ist der eine, der mich für immer verrät. Es ist Judas, der Weber der Angst!«

Da nahm der kummervolle Mann mit den Schattenaugen seine Weberschiffchen auf. »Was sind denn das für welche, Herr Judas?«, fragte ich eifrig, denn ich sah, dass sie schwarz waren; er aber schwieg. Doch einer von den Zwölfen, es war der Weber des Todes, beugte sich vor und sah dem dunklen Weber in die Augen. »Die drei Weberschiffchen, mit denen Judas Angst hineinwebt in die Welt, heißen Geheimnis und Verzweiflung und Grab.«

Da stand Judas auf und verließ das Zimmer, und was er gewebt hatte, folgte ihm wie ein Schatten; und die beiden fuhren hinaus in die trübe Welt. Und der Schatten glitt in die Herzen und Seelen der Menschen und verriet dort Josa, den Fürsten des Friedens, der das Leben ist.

Und auch Josa stand auf und nahm mich bei der Hand und ging mit mir aus der Hütte. Und als ich mich noch einmal umdrehte und zurückschaute, sah ich keinen von den Zwölfen mehr als nur den Weber der Hoffnung, der saß da und sang das wilde süße Lied, das er vom Weber der Freude gelernt hatte, saß da und sang inmitten eines Nebels aus immer neuen Regenbogen, und er webte ein strahlendes Licht, das war hell wie die Sonne.

Und da erwachte ich am Herzen meiner Mutter, und ihre Tränen liefen über mein Gesicht, und ihre Lippen bewegten sich lautlos wie im Gebet.

Nach-gedacht

Eine Geschichte, die für mich ist, wovon sie erzählt: ein hinreißend schönes Lied, hineingewebt in eine Welt, die auch durch diese Geschichte für mich grün wird, lebendig. Und wie wahr es ist, dass sich die Angst, der große Lebensverräter, als Macht und Herrlichkeit ausgibt und tarnt.

Für mich bleibt jede Deutung dieser Geschichte hinter ihren Bildern zurück. Und mit diesen Bildern kommen Fragen: Ist auch mir etwas begegnet, das mich ein Leben lang inspiriert und meine Seele bis zum Grund mit Licht füllt und mit Musik, so dass ich einstimmen kann in das wilde süße Lied der Freude, das die Hoffnung singt? Wer hat mir die Augen aufgeküsst, damit meine Seele nie trostlos wird all die langen Jahre meiner Jahre und ich nicht wie Dermot versuche, die Jugend festzuhalten? Ist das Netz des Lebens stärker als die Angst, ins Leere zu fallen? Fängt es mich auf wie der Mantel des Angus den Dermot? Fängt es auch Grainne in ihrer trostlosen Tapferkeit? Will ich das hinreißend schöne Lied des Lebens einfach von Cormacs silbernem Zweig schütteln, oder ist mir klar, dass es in die Welt hineingewebt werden muss, in Freude und Liebe, Leidenschaft und Tod. Kann ich dem abgrundtiefen, bösen Blick des dunklen Webers widerstehen und wie Maelduin lernen, nicht zu versinken in Hass und Rache? Kann ich leben mit meinem grünen Band, oder tarne auch ich meine Angst als Macht und Herrlichkeit? Kann ich schon mitten im Leben gehen, wenn es an der Zeit ist, wie Etain, wie Sheen NicLeoid, und kann ich so aus dem Leben gehen?

Erzähle eine wahre Geschichte, sagt mir Mananan MacLir, und das Leben ist gar. Mich schicken diese wahren Geschichten, manchmal augenzwinkernd, manchmal mit traumhaft traurig-schönen Bildern auf den Weg. Nein, sie erinnern mich daran, dass ich immer schon auf dem Weg bin – und der Weg zu meines Vaters Haus ist weit. Und zugleich bin ich doch wie am Herzen einer Mutter, und ihre Tränen fließen über mein Gesicht.

Und das Leben webt weiter, webt etwas, das niemals stirbt ... und wir weben mit.

Quellenhinweise

Der Bursche, der keine Geschichte kannte
»The boy who had no story«, aus: Kevin Danaher, Folktales from the Irish Countryside, Dublin 1998 (first published in 1967).
Übersetzung: Sabine Lutkat;
Erzählbearbeitung: Sabine Lutkat/Heinrich Dickerhoff

Der seltsame Besucher
Märchen aus Schottland, München 1963;
Erzählbearbeitung: Heinrich Dickerhoff

Goldbaum und Silberbaum
Joseph Jacobs, Celtic Fairy Tales, Bristol 1998 (Erstausgabe 1892).
Eine viktorianisch ausgeschmückte Version in: Scottish Fairy Tales, London 1994;
Erzählbearbeitung: Heinrich Dickerhoff

Tam Lin
Zuerst bei F. J. Child (ed.), The English and Scottish Popular Ballads, Boston 1857;
Erzählbearbeitung: Heinrich Dickerhoff

Etain oder die goldene Fliege
Ella Young, Keltische Mythologie, Stuttgart 1996[4];
Erzählbearbeitung: Heinrich Dickerhoff

Das Glückskind
Ella Young, Keltische Mythologie, Stuttgart 1996[4];
Erzählbearbeitung: Heinrich Dickerhoff

Das Messer gegen die Welle
Von dieser Geschichte gibt es in Irland etwa 160 aufgezeichnete Versionen, die zumeist sehr viel länger sind als das hier abge-

druckte Märchen (vgl. dazu Miceal Ross, The Knife against the
Wave. Department of Irish Folklore at University College Dublin,
1990). Von dort habe ich auch die englische Übersetzung der ursprünglich irisch-gälisch erzählten Geschichte (diese ist zu finden
in: Volume 1735 pages 32–34, General Manuscript Collection of
the Department of Irish Folklore at University College Dublin).
Darüber hinaus steht die Geschichte in folgendem Band: Fairy
Legends from Donegal/Siccealta o Thir Chonaill, originally collected by Sean O hEochaidh and translated into English by
Maire Mac Neill/ Irish texts edited by Seamas O Cathain,
Dublin 1977. Übersetzung und Erzählbearbeitung: Heinrich
Dickerhoff;
Eine andere deutsche Übersetzung der Geschichte findet sich bei
Frederik Hetmann (Hg.), Irischer Zaubergarten, München 1996.

Condla Rotschopf und die Frau im gläsernen Schiff
Altirische Sage, in mehreren Fassungen seit dem Mittelalter
überliefert;
»Connla and the Fairy Maiden«, in: Joseph Jacobs, Celtic Fairy
Tales, Bristol 1998 (Erstausgabe 1892);
»Das Abenteuer des Conle«, in: Frederik Hetmann (Hg.),
Irischer Zaubergarten, München 1996;
»Die Frau im gläsernen Schiff«, in: Martin Löpelmann (Hg.),
Keltische Sagen aus Irland, München 1993[4]; zum letzten
Abschnitt vgl. ebenda Anmerkung 375;
Erzählbearbeitung: Heinrich Dickerhoff

Wie König Cormac zu den Feen ging
»How Cormac MacArt went to Fairy«, in: Joseph Jacobs,
Celtic Fairy Tales, Bristol 1998 (Erstausgabe 1892);
Übersetzung und Bearbeitung: Heinrich Dickerhoff

Die Reise von Maelduins Boot
Nach der altirischen Sage »Immram curaig Maelle Duin«, in
mehreren Varianten seit dem 8. Jahrhundert erhalten, hier

erzählt nach Erich Ackermann, Die sieben Schwäne, Frankfurt 1986; Ernst Tegethoff, Märchen, Schwänke und Fabeln, München 1925; Sylvia und Paul F. Botheroyd, Lexikon der keltischen Mythologie, München 1992;
Erzählbearbeitung: Heinrich Dickerhoff

Dermot mit dem Liebesfleck
Seit dem Mittelalter in verschiedenen Fassungen überliefert, u. a. bei Frederik Hetmann (Hg.), Irischer Zaubergarten, München 1996;
Erzählbearbeitung: Heinrich Dickerhoff

Dermot und Grainne
Nach Martin Löpelmann, Keltische Sagen aus Irland, München 1993[4] und Christiane Agricola, Volkssagen aus Schottland, Leipzig 1988;
Erzählbearbeitung: Heinrich Dickerhoff

Gawain und der Grüne Ritter
Überlieferung aus England;
Erzählbearbeitung: Heinrich Dickerhoff

Gawain und der Wunsch der Frauen
Überlieferung aus England;
Erzählbearbeitung: Heinrich Dickerhoff

Der Menschenfischer
Fiona MacLeod, Wind und Woge, 1922;
Erzählbearbeitung: Heinrich Dickerhoff

Das Abendmahl
Fiona MacLeod, Das Reich der Träume, 1905;
Erzählbearbeitung: Heinrich Dickerhoff